VERÄNDERN

Risiko   Revolution

SPIELRÄUME   Kreativität   Freiheit   INDIVIDUUM

Spaß   Leistung

Sinnlichkeit   Disziplin

GEMEINSCHAFT   Bindung   Ordnung   STRUKTUR

Tradition   Sicherheit

BEWAHREN

Meiner Wahlheimat Wachau gewidmet

DDr. Werner Weißmann

Trenninghof 1

3622 Mühldorf in der Wachau

werner.weissmann@trenninghof.at

Werner Weißmann

Der Große Geschichten-Erzähler

Teil II

Dass ich erkenne, was die Welt

Im Innersten zusammenhält,

Schau' alle Wirkenskraft und Samen,

Und tu' nicht mehr in Worten kramen.

−Goethes Faust

Bibliografische Information der Deutschen Nationalbibliothek

Die Deutsche Nationalbibliothek verzeichnet diese Publikation in der
Deutschen Nationalbibliografie; detaillierte bibliografische Daten sind im
Internet über http://dnb.d-nb.de abrufbar.

© 2015 Werner Weißmann

2. Auflage, 2015

Cover: MAFOS! HEXAGON™ mit Archetypen
Herstellung und Verlag:
BoD - Books on Demand, Norderstedt
ISBN 978-3-7347-8071-4

Über zehn Jahre waren vergangen und es kam ihm vor, als hätte er gestern die letzten Zeilen geschrieben. Was hatte dies zu bedeuten, wenn die Zeit stillzustehen scheint – wie ein Traum im Traum, in dem ein Jahrzehnt in der „realen" Welt nur ein paar Stunden Traumzeit bedeutet. Im Traum arbeitet das Gehirn schneller und effizienter – hatte er zehn Jahre in einem Traumzustand verbracht, aus dem er nun erwacht ist? Was unterscheidet den Traum von der sogenannten Wirklichkeit – woher sollen wir erkennen, dass wir nicht geträumt haben? Und was soll es heißen, „es war nur ein Traum"? Ist der Traum nicht mächtiger, Welten zu erschaffen?

Er schaute sich um, und alles um ihn herum hatte sich verändert. War da noch etwas, das er aus der Zeit von früher wiedererkannte? Oder hatte er sich dergestalt, dermaßen neu erfunden, dass diese Erfindung nichts mehr mit seinem Schöpfer gemein hatte. Wir erfinden uns neu, sehen dies als Chance, der Krise und dem Unausweichlichen zu entrinnen, und sehen uns dann in den Spiegel und erkennen uns selbst nicht wieder. Welchen Sinn macht denn eine Erfindung, wenn sie ihren Schöpfer allein zurücklässt in einer Welt, die entrückt und weltfremd erscheint? Sollte die Erfindung nicht alles in sich aufnehmen, das schon war, ihre Wurzeln nicht verleugnen, die Geschichte wertzuschätzen? Konnte eine Erfindung überhaupt

Bestand haben, die ihre Gene und ihre Herkunft leugnet? Wie man sich selbst erfindet, hatte er vor zehn Jahren philosophiert, und nun war er an dem Punkt angelangt, diese Erfindung einer Prüfung zu unterziehen. Hatte er über das Ziel hinausgeschossen? Hatte er in seinem Bestreben, in seiner Suche nach dem Sinn und dem Wunsch, den inneren Krieg zu beenden, nicht zu viele Opfer bringen müssen? Konnte er eine dermaßen radikale Selbsterfindung noch vor sich und seinem Umfeld verantworten? Die Kompromisslosigkeit seines Tuns warf nicht nur viel Licht auf die Welt, sondern auch viel Schatten.

Über die letzten Worte kam er ins Grübeln. Wo viel Licht ist, ist auch viel Schatten. War diese (Volks-)Weisheit einfach so hinzunehmen? War sie nicht in Frage zu stellen und an ihrer Gültigkeit zu rütteln? Bedarf es wirklich der Bipolarität auf dieser Welt, dass wir Menschen funktionieren? Fast wütend schrieb er die nächsten Worte nieder: ohne Gut kein Böse, ohne Böse kein Gut. Weshalb musste diese Gleichung auf dieser Welt so eine universelle Gültigkeit besitzen? Ihm gingen tausend Gedanken durch den Kopf. „Ich bin ein Teil des Teils, der anfangs alles war", so Goethes Mephisto in Faust. Ein Teil des Teils!? Sein Kopf rauchte. Also war am Anfang alles eins, ein sowohl als auch, eine heilige Ganzheit, aus der dann sich das Gute das Böse gebar.

In letzter Zeit hatte er an sich beobachtet, dass das Spiel der Kräfte immer aufgeladener wurde. Ein Freund hatte ihm ein Buch über energetische Zustände geschenkt, und er sah sich bei einem Wert von 500 – also im hochenergetischen Bereich. Dies hatte zum einen zur Folge, dass sein Tun immer mehr einem Trancezustand, einem Flow glich und sich Raum und Zeit wieder einem Traumzustand annäherten. Auf der anderen Seite führte dieser Aktivierungszustand zu heftigen Ausbrüchen auch schon bei kleinen Bewegungen in seinem Umfeld. „Himmelhoch jauchzend zum Tode betrübt" – das kam ihm immer mehr in den Sinn, wiewohl nicht als bipolare Störung zu verstehen, sondern ein tiefes Empfinden der bipolaren Konstanten in unserer Menschenwelt.

Indem er das Wort „beides" aussprach, entspannte sich sein Körper und eine innere Balance machte sich breit. Sowohl als auch, beides, nicht nur das eine, sondern auch das andere: beides zugleich, und nicht nur das eine oder das andere. War dies nicht der Zustand vor der Ursünde, vor dem Urknall, als es noch keinen Sinn in dieser Welt gab, keine Bedeutung – und dadurch auch keine Markierungen, keine Diskriminierungen. Eine Welt ohne Unterschiede, die einen Unterschied machen – was konnte das für eine Welt sein – langweilig, unmenschlich, spannungsleer.

Die Balance wich einer gespannten Aufmerksamkeit: Waren es nicht die Spannungsfelder in unserem Leben, welche uns die nötige Würze gaben, diesen Kick zu wissen, dass wir lebendig sind? Bedeutete der Individuationsprozess, an dessen Ende wir als Alter Weiser wiedergeboren werden, nicht Stillstand, nicht Bedeutungslosigkeit, nicht Tod?

Vor dem Alter hatte er die meiste Angst, vor diesem Zustand der Indifferenz und Ausgeglichenheit der emotionalen Systeme. Aber war nicht genau dieser Zustand göttlich – wenn wir zurückkehren in den Zustand, der keine Unterschiede kennt?

Er arbeitete in letzter Zeit an einer Theorie der Spannungsfelder, da er in dieser den Schlüssel zum Verständnis der Welt vermutete. An sich selbst hatte er beobachtet, dass das Hinwirken in eine Richtung das Erstarken des gegenteiligen Pols bewirkte. Ging er in die eine Richtung, so zog es ihn zugleich stärker in die andere Richtung. Mehr Kreativität und Spaß in seinem Leben bedeutete zugleich das Gegenteil mit mehr Ordnung und Disziplin. Mehr Spielräume führen zu mehr Struktur. Interessanterweise erschien ihm dieses Paradoxon als natürlich und keinesfalls bedrohlich.

In ihm stieg Nietzsches Bild aus „Also sprach Zarathustra" auf vom Gleichnis vom Baum am Berge, der, um die Höhen zu erreichen, immer mehr in der Tiefe wurzeln muss, im Bösen. Beim Wort

Bösen erschauderte es ihn und er kehrte zurück zur Ausgangsüberlegung: ohne Gut kein Böse und umgekehrt.

Vor Kurzem hatte er einen seiner Lieblingsfilme geradezu inhaliert genau unter diesem Gesichtspunkt: Indem der Held der Geschichte immer stärker wurde, erstarkte auch sein Widerpart und die Gleichung blieb immer ausgewogen. War dies das universelle Muster in unserem Universum, dass die Summe der positiven und negativen Energie immer ein Nullsummenspiel ergab? Konnte deshalb auf dieser Welt kein „Königreich der Himmel" entstehen, da auch der unermüdlichste Drang nach Gutem immer auch die Erhebung des Bösen bedeutete? Wo lag da der Sinn? Wo lag da die Gerechtigkeit? Wo lag da der Ausweg aus dem Elend dieser Welt?

Auf der anderen Seite: Sind wir Menschen nicht geschaffen, um in einer Welt der Gegensätze zu leben? Bedeutet die Absenz des Bösen nicht zwangsläufig die Emergenz des Gegenteils, da das menschliche System sich über Unterschiede definiert?

1000 Wörter in einer Stunde, unterbrach er seinen Fluss der Gedanken, das sind 3,6 Sekunden pro Wort – das ist Schreiben, das das Bewusstsein ausschaltet, Schreiben aus dem Unbewussten – auf diese Weise hoffe er auf das Emergieren von Neuem und Unerwartetem, auf das Heraufbeschwören von Antworten auf die Fragen des Lebens.

Emergenz ... dieses Wort hatte ihm heute Hoffnung gemacht. Auf seiner Suche nach den Wirkkräften schienen ihm konventionelle Wege ungeeignet, tiefe und befriedigende Antworten zu finden. Als er vor drei Jahren mit seiner Familie von Wien in die Wachau übersiedelt war, hatte er nur eine Ahnung, am heutigen Tag wurde es ihm aber bewusst – er war seiner Theorie der Spannungsfelder ein wenig näher gekommen. Indem er einen maximalen Unterschied zur Großstadt herstellte, erzeugte dies in ihm die Energie, die nötig war, Unvorhergesehenes und Unerwartetes entstehen zu lassen. Im Spannungsfeld „ländlich versus urban" lag für ihn ein Schlüssel, dass potenziell Neues geboren werden kann. Wer nur in der Stadt bzw. nur auf dem Land verhaftet ist, dem entgeht die Chance auf dieses Wechselspiel der Energien, das neue Sicht- und Denkweisen initiiert. Lachend dachte er an seine Freunde in der Großstadt, die sich wunderten, weshalb er so entspannt aussah, wiewohl die Belastungen und Herausforderungen eher größer als kleiner geworden sind.

Wer nur im Gestern lebt, wer nur die Wurzeln pflegt, dem entgehen dabei dieselben Chancen wie demjenigen, der die Wurzeln verleugnet und die Zukunft verherrlicht. Wiederum schien ihn das Wort „beides" als die Lösung der Probleme dieser Welt zu bedeuten: Sowohl Bewahren als auch Verändern, sowohl Regeln als auch Freiräume, sowohl Individuum als auch Gruppe.

Aus den Studien der letzten 20 Jahre war im letzten Jahr das sogenannte Hexagon in seinen Gedanken aufgetaucht, eine wabenartige Struktur, welche die Gegensätze dieser Welt wertfrei visualisierte – wobei er auf das Wort Wertfreiheit größten Wert legte – unterschied dies sein Modell von herkömmlichen theoretischen Sichtweisen. Nichts in diesem Hexagon sollte richtig oder falsch sein. Zwölf Werte fungierten in dieser „Tafelrunde" der menschlichen Möglichkeiten als Platzhalter der Archetypen, wobei jeweils zwei Werte ein Gegensatzpaar bildeten: Sicherheit versus Risiko, Tradition versus Revolution, Bindung versus Freiheit, Sinnlichkeit versus Leistung, Spaß versus Disziplin und Kreativität versus Ordnung.

Vor ihm lag ein Stapel von 60 Archetypen, neben ihm waren zwölf Archetypen als Lego Minifiguren kreisförmig im Hexagon aufgestellt. In den letzten Jahren der Selbstreflexion hatte sich ein Archetyp als besonders sinnstiftend in seinem Leben herausgestellt – der „Creator" mit seinem Kernwert Kreativität im Spannungsfeld von „Struktur versus Spielräume". Auf den aufgeschlagenen Kärtchen war zu lesen „Creator", „Artist", „Entrepreneur", „Storyteller" und „Visionary".

Plötzlich kam es zu einem Déjà-vu: „Storyteller", das heißt Geschichten-Erzähler – war dies nicht seine große Vision! Und noch einmal ein Déjà-vu: „Visionary". Er war auf der Suche nach seiner eigenen Identität wieder ein Stück vorangekommen.

„Creator", Schöpfer – ja, dieser Archetypus zog ihn magisch an. Hier spürte er eine Seelenverwandtschaft und die Worte des Erdgeistes verhallten ungehört „Du gleichst dem Geist, den du begreifst, nicht mir". Nein, der Erdgeist konnte ihm nichts mehr anhaben. Er hatte seine Geister gefunden, er hatte die Kraft in sich entdeckt, die ihn trieb und indem er ihr einen Namen gegeben hat, wurde die Kraft zügelbar – zumindest erschien es ihm zum damaligen Zeitpunkt so. Er hatte in sich immer noch ein Bild der Steuerbarkeit von Systemen, der Ordnung, der Disziplin und der Kontrolle. Und je mehr er sich in Richtung Kreativität entwickelte, desto stärker wurde sein Verlangen nach Struktur, die Muster dieser Welt zu kennen und sie in Sinnsystemen in Fesseln zu legen.

Wiederum spürte er in sich die Spannungsgeladenheit dieser Welt: Wie konnte es sein, dass eine Vergrößerung der Frei- und Spielräume zu einem gesteigerten Bedürfnis nach Struktur und Ordnung führten? Ist der Mensch nicht in der Lage, ein kreatives Chaos auf Dauer auszuhalten? Oder macht auf Dauer ein kreatives

Chaos einfach keinen Sinn, weil man den Wald vor lauter Bäumen nicht mehr erkennen kann?

Diese einfachen Deutungen befriedigten ihn keineswegs und er vertiefte sich weiter in dieses scheinbare Paradoxon. Wieder ging ihm das Bild vom Baum am Berge durch den Kopf. Die Wurzeln des Baumes deutete er als Fundament, als Struktur, die Krone in lichter Höhe als Kreativität. Die Höhe des Baumes schien von der Stärke des Fundaments abzuhängen – ohne Fundament kein Turm, ohne Ordnung keine Kreativität. Ihm wurde bei diesen Gedanken schwindlig. Nein, irgendetwas stimmt nicht in seiner Betrachtung. In ihm entstand ein neues Bild, nämlich das der kreativen Spannung. Wenn man von einem Punkt A ausgeht (von der Ordnung), um zu einem Punkt B zu gelangen (zur Kreativität), ist dabei ein Weg zurückzulegen. Lege ich diesen Weg zurück und verleugne ich meine Wurzeln, dann gelange ich zu Punkt B und die Spannung ist verflogen – ich bin nur noch kreativ. Halte ich aber die Spannung und wertschätze meine Wurzeln und versuche dennoch zu Punkt B zu gelangen, dann habe ich dieselbe Wirkung wie bei einem gespannten Gummiband. Die Energie bleibt erhalten, indem an der Struktur festgehalten wird und als Vision die Kreativität angestrebt wird.

Der Energie-Junkie muss sich daher in den Gegensätzen bewegen. Die Spannung wird zur Droge, zum Antrieb, zum

Selbstverständnis. Wiederum missfiel ihm ein Wort – „Energie-Junkie", welch seltsamer Begriff. Aber zu diesem Zeitpunkt war noch nicht entschieden, welche Begriffe auf eine Theorie der Spannungsfelder anzuwenden sind.

In der klassischen Markenpositionierungstheorie solle man ja im Wahrnehmungsraum eine Position für sich finden – das heißt mit anderen Worten einen Punkt im Universum, der einen Unterschied markiert und eine eindeutige Bedeutung aufbaut. Diese konventionelle Sichtweise schien ihm als zu kurz und kleinstirnig gedacht, da sie ja nicht die energetische Wirkung von Marken hinreichend erklärt. Ihm kam in den Sinn eine duale Sichtweise analog dem Welle-Teilchen-Dualismus der Quantenphysik, bei der Quantenobjekten gleichermaßen Wellen- und Teilchen-Eigenschaften zugeschrieben werden: Positionierung als Punkt (Marke als Teilchen) und Positionierung entlang der Spannungsfelder des Hexagons als Energielinien (Marke als Welle). Auf diese Weise kann sich eine Marke zur selben Zeit an zwei unterschiedlichen Orten im Universum aufhalten – sozusagen ein Beamen zwischen den Polen: z.B. kreativ und dennoch geordnet, traditionell und dennoch fortschrittlich, etc. Der Gedanke an diese hybride Positionierung ließ ihm einen kalten Schauer über den Rücken laufen. Auch würde es bedeuten, dass alle punktuellen Markenpositionierungen als Mittelungen keinen bzw. nur suboptimal Sinn ergeben würden. Es galt also, eine Theorie der menschlichen Spannungsfelder zu entwickeln. Auf diesem Weg entschloss er sich, die letzten zehn Jahre vorbeiziehen zu lassen auf der Suche nach Anhaltspunkten für Hypothesen.

Schon im ersten Teil seiner Reflexionen „Wie man sich selbst erfindet" hatte er sich vor zehn Jahren mit dem tieferen Sinn der menschlichen Polaritäten auseinandergesetzt. In einem mathematischen Experiment konnte er zeigen, dass bei einem Ähnlichkeits-Sorting, bei dem alle Marken in eine Gruppe fallen, mit einer multidimensionalen Skalierung kein Bedeutungsraum konstruiert werden kann – vielmehr der potenzielle Wahrnehmungsraum in einen Punkt kollabiert. Gleichzeitig ergab das Experiment, dass bei keiner Ähnlichkeit der Marken, also jede Marke eine eigene Gruppe bildete, wiederum kein sinnvoller Raum entstehen konnte, da das Universum dabei eine unendliche Ausdehnung erfuhr. Zwischen diesen maximal unterschiedlichen Ausprägungen des Universums – einmal der unendlich kleine Punkt, einmal das unendlich große Universum, mussten sich also alle Spekulationen über die Spannungsfelder bewegen.

Da sowohl die unendliche Kleinheit (Mikrokosmos) als auch die unendliche Größe (Makrokosmos) Unbehagen in ihm erzeugten, und auch keinen Sinn ergaben, schlug er wie schon so oft Goethes Faust auf und las: „Ich bin ein Teil des Teils, der anfangs alles war, ein Teil der Finsternis, die sich das Licht gebar ..." Indem er darüber nachdachte, versuchte er die Bedeutung zu erfassen. Also wenn am Anfang eine Einheit von allem bestand, Licht und Finsternis, Gut und Böse, Tag und Nacht, so gab es am Anfang keine Unterschiede: Licht war Finsternis, Gut war Böse, Tag war Nacht, und umgekehrt. Oder auch: Licht war Böse, Finsternis war Tag, etc. Die Ursuppe der Potenziale kannte keine Bedeutung, keinen Sinn. Alle Möglichkeiten waren in einem Begriff, in einer Wesenheit vereint.

Er übertrug diesen Gedanken auf sein mathematisches Experiment von der Ausdehnung von Wahrnehmungsräumen und folgerte: alle Begriffe in einer Gruppe, also keine Unterschiede, also keine Bedeutung, also keine Polaritäten – demnach Zusammenfall in einen Punkt unendlicher Kleinheit und unendlicher Dichte. Demnach kein Universum, kein Raum, keine Spannung. Bei den letzten beiden Wörtern zögerte er: wirklich keine Spannung!? Oder vielleicht vielmehr unendlich große Spannung durch unendliche Dichte und somit unendliche Möglichkeiten der Entfaltung potenzieller Räume?

Es überkam ihn das Gefühl, dass hier eigentlich nur andere Disziplinen wie z.B. Physik eine Antwort geben könnten – wobei ihm dieser Gedanke widerstrebte. Auch den Neurowissenschaften stand er nicht unkritisch gegenüber, da die Determinierung von Gefühlen durch ein Vorherrschen bestimmter Neurotransmitter seinen Glauben an den freien menschlichen Willen verletzte.

Mit Nachdruck schrieb er diese Worte, indem der Anschlag auf seiner Tastatur deutlich fester erfolgte: Es gibt einen freien Willen! Wir haben die Wahl! Wir können uns entscheiden! Wir können über unseren eigenen Schatten springen! Wir sind Herr über unsere Gefühle und unseren Verstand!

In ihm tauchte das Bild des Menschen auf, der im krassen Gegensatz zur Lehrmeinung der Neuro-Science die Kausalität einfach umdrehte: Ich will dieser Mensch sein, also produziere ich diejenigen Botenstoffe in meinem Gehirn, die ich benötige, um der sein zu dürfen, der ich bin bzw. sein möchte. Weg mit der Determinierung – Terminierung der Determinierung! Demnach: Ich will mich im Spannungsfeld „Struktur versus Spielräume" mehr bei den Spielräumen aufhalten, will Kreativität und Spaß in meinem Leben, also sage ich meinem Körper, mehr Dopamin zu produzieren. Oder auch: Ich will nicht alt werden, will nicht passiv werden, also verbiete ich meinem Körper ein Übermaß an Kortisol zu produzieren, das das Leben hemmt und sage ihm vielmehr, dass ich Lust auf Dopamin und vielleicht auch Testosteron habe, um Spitzenleistungen erbringen zu können.

Lächerlich? Er dachte über Belege nach, die seine unkonventionelle Sichtweise stützen könnten. Zuerst fiel ihm das Konzept der sich selbst erfüllenden Prophezeiung ein. Eine Prophezeiung wird ausgesprochen und es wird dermaßen fest an sie geglaubt, dass dann auch alles unternommen wird, damit sie auch Wirklichkeit werden wird. Im Film „Die Matrix" glaubt Morpheus dermaßen, dass Neo der Auserwählte sei, dass er ihn das selbst glauben macht, und er sozusagen über sich selbst hinauswächst, über das Potenzial seiner eigentlichen Möglichkeiten. Der Glaube versetzt Berge, spricht der Volksmund, und der Glaube an sich selbst setzt Energien frei, die eigentlich nicht vorgesehen wären. Der Glaube erzeugt eine Spannung zwischen dem Ist, dem Hier und Jetzt und einem Soll, einem erwünschten Zustand. Die Vision erzeugt dabei die kreative Spannung, die Energie, um alle Widerstände zu überwinden, um vom Ist ins Soll zu gelangen.

Wer keine Träume hat, hat keine Energien. Wer nicht glaubt, hat keine Energien. Wenn wir nicht mehr träumen, stirbt diese Welt.

Ihn ärgerte die triviale Sichtweise über die Kausalität. Vor 15 Jahren hatte er sein Institut für Systemische Marktforschung gegründet, um der Trivialitätsfalle zu entgegnen, die in seiner Branche vorherrschte. Es überwog die triviale Frage nach dem Warum. Er formulierte für sich gleich zu Beginn einen seiner

Leitsprüche, die das Augenmerk auf die Frage und nicht auf die Antwort lenkte: „Stellt man immer dieselben Fragen, wird man immer dieselben Antworten erhalten – will man neue Antworten, muss man auch andere Fragen stellen." Es ist die Frage, die einen Unterschied macht. Zirkularität, Nicht-Linearität, Rückkoppelungen faszinierten ihn – und: die Umkehr des trivialen Kausalitätsdenkens.

An dieser Stelle dachte er an die gängige Meinung, dass die Einstellung ein Verhalten bestimme. Ich habe diese oder diese Einstellung, also verhalte ich mich dementsprechend. Nein! Die Zufälle in dieser Welt führen dazu, dass ich mich einmal so und dann wiederum so verhalte, und jedes Mal muss ich danach meine Einstellung anpassen, um nicht in Dissonanzen und Turbulenzen zu geraten. Wieder ein Baustein mehr in der Kette an Fragezeichen, der Welt auf den Grund zu gehen. Alles Zufall? Also weder Bestimmung noch freier Wille? Spannung als Nebenprodukt von Zufällen, von nicht intendierten Verhaltensweisen, die dann erst umgedeutet werden?

Alles Zufall oder großer Plan? Er hatte sich in seinem Gedankengebäude etwas verrannt, wollte er doch über die Spannungsfelder auf dieser Welt reflektieren. Aber scheinbar war dies nicht möglich, ohne die Großen Dinge mitzudenken.

Immer mehr faszinierte ihn im Tetralemma die Position „beides" und immer weniger das „Eine", das „Andere" oder „keines von beidem". In diesem „beiden" sah er das Göttliche, das Ganze, das Unversehrte. Er dachte sofort an das Große Werk der Alchemisten, den Hermaphroditen, an Platons Abhandlung über die Liebe im Symposion. Er dachte dabei an Joannis Avramidis und seine Figuren, die in sich Mann und Frau vereinen – das Urbild des ruhenden zweigeschlechtlichen Menschen vor der Trennung und vor dem Sündenfall der Erkenntnis von Gut und Böse. Beides bedeutete ihm die Abkehr vom reinen Schwarz-Weiß-Denken, von den Extremen dieser Welt, von fanatischer Radikalität – politischer und religiöser, vom Wahrheitsdenken, vom Glauben an das Richtige, vom Glauben an das Gute und das Böse.

Was hatte er gerade gemeint: Abkehr vom Denken in den Kategorien Gut und Böse, schuldig und unschuldig, richtig und falsch. Seine systemische Grundhaltung mit Werten wie Offenheit, Wertschätzung, Vielparteilichkeit drang hier durch. Dennoch: die weltpolitischen Umstände zu dieser Zeit mit einer zunehmenden Radikalisierung durch religiösen Fanatismus ließen ihn an der Universalität dieser Haltung zweifeln. Es musste Grenzen geben! Und er zitierte dabei Sir Karl Popper: „Im Namen der Toleranz sollten wir uns das Recht herausnehmen, Intoleranz nicht zu tolerieren". Es war also komplizierter, Patentrezepte des Denkens konnte es nicht geben.

Dennoch schien er einen Schritt weiter gekommen zu sein in seinen Überlegungen. Wir Menschen streben nach Vereinigung, wir Menschen streben aber auch nach Trennung. Indem wir trennen, schaffen wir neue Räume und Spielwiesen. „Teile und herrsche", kam dabei in seinen Sinn. Schaffe neue Kategorien und mache sie dir untertan. Blue Ocean Strategie und strategische Markenführung würden sich ja schon dieses Konzeptes bedienen. Verlasse den roten Ozean des vernichtenden Wettbewerbs und gehe in einen blauen Ozean, in dem neue Regeln gelten. Wieder hatte er sich verrannt in seinem Denken.

Zurück zu „beides", mahnte er sich selbst. Er spürte in sich hinein, in seine Körperwahrnehmung; er sprach die Worte „sowohl als auch" langsam aus und sein Atem begann ruhig und bewusst zu werden. Würde diese Haltung nicht unendlich frei machen, unendlich konziliant, unendlich tolerant? Weggewischt die eine Wahrheit – und willkommen geheißen die Wahrheiten, die Konstruktionen der Wahrheit viel mehr.

Ein Hin- und Hergleiten zwischen den Wahrheiten, zwischen den Möglichkeiten, die uns das Leben offeriert. Einmal so, einmal so, je nach Situation, Kontext und Anforderung.

In ihm stieg ein Unbehagen auf und Bilder kamen in ihm hoch eines Menschen, der sich wie eine Fahne im Wind je nach Opportunität dem einen oder dem anderen zuwendet, ein Chamäleon ohne feste Meinung, ein Feigling, der nicht Stellung beziehen kann, ohne Haltung, ohne Gewissen, ohne Rückgrat. Wie kann man vor jemandem Achtung haben, der sich einmal so, einmal so verhält – einmal als Teilchen, einmal als Welle. Bitte entscheide dich, ist man verleitet zu fordern, beziehe Position, beziehe Stellung, äußere dich gefälligst! Man kann doch nicht einmal Schwarz sagen, und dann wieder Weiß! Doch, man kann …

In ihm stieg ein Befund aus der experimentellen Ästhetik auf, der seine Hypothese und seine Zuwendung zu der Position „beides" im Tetralemma stützte. Das Empfinden von Schönheit sei dabei dann besonders groß, wenn maximale Entropie vorliegt bei maximaler Redundanz. Ein Gesicht ist dann ästhetisch, wenn es viele Informationen in sich vereint, man immer wieder neue Aspekte in ihm entdecken kann, man immer wieder aufs Neue Facetten und Spielarten entdeckt (Entropie). Auf der anderen Seite ist ein Gesicht dann ästhetisch, wenn ein Blick genügt, um das Ganze zu erfassen, wenn sich auf den ersten Blick die ganze Schönheit erschließt, wenn alles auf Schönheit hindeutet, jedes Element, jedes Detail (Redundanz). Wir blicken in dieses Gesicht und es ist schön, und wir blicken in dieses Gesicht, und es eröffnet uns jedes Mal aufs Neue andere Nuancen, andere Blickwinkel. Schönheit ist beides – Spannung und Entspannung, ein sich Finden und ein Entdecken, sowohl das eine als auch das andere, und wohl aus diesem Grunde göttlich und erhaben über jeden Zweifel.

Somit trägt das Göttliche beides in sich, das Eine und das Andere und somit alle potenziellen Polaritäten dieser Welt. Das Ganze, das Heilige ist aber unschuldig – Gutes und Böses sind noch nicht manifestiert – nur potenziell angelegt, um das Menschsein erst zu ermöglichen. Der Mensch stirbt ohne Unterschiede, ohne Bedeutung, da sich der Sinn erst in Unterschieden erschließt. Spannungsfelder auf dieser Welt sind sinnstiftend, machen lebendig, motivieren, dynamisieren und konstruieren das Gebäude, aus dem unsere Träume und Phantasien entstehen. Wir sind nicht göttlich, wir würden das Ganze gar nicht ertragen, wir sind Geschöpfe, die sich zwischen den beiden Extremen des unendlich kleinen Mikrokosmos (keine Unterschiede, also Ganzheit) und des unendlich großen Makrokosmos (maximale Unterschiede, also maximale Individualität) einen Platz im Universum suchen.

Die grundlegenden Linien dieses Kampfes um einen Platz zeichnet das Hexagon. Wir wollen bewahren und streben nach Veränderung – wohl einer der größten Konstanten in unserem

Leben. Wir verehren unsere Wurzeln, lieben Tradition und Sicherheit. Auf der anderen Seite wollen wir uns die Erde untertan machen, wir verändern, gehen Risiken ein und schreiten zur Revolution, das Althergebrachte zu stürzen. Die Archetypen König und Alter Weiser sehen sich konfrontiert mit dem Rebellen und dem Forscher, der das alte Weltbild in Frage stellt. Doch was wäre das Eine ohne das Andere? Würde ein Königreich nicht erstarren ohne die Herausforderer, die die Legitimität der Herrschaft in Frage stellen? Würde der Alte Weise nicht zum Dogma erstarren ohne seinen Widerpart, der die Umwertung des Wissens in seinem Forscherdrang einfordert. Was wäre der Eine ohne den Anderen? Definieren wir unsere Identität, unser Selbstverständnis nicht über das, das wir nicht sind oder sein wollen? Beziehungsweise schlummert in jedem von uns nicht auch sein Gegenteil, ein Schatten, die Anima im Mann bzw. der Animus in der Frau? Träumen wir als König nicht auch von den Wäldern, in denen sich Robin Hood als Rebell versteckt und beneiden ihn ob seiner revolutionären Lebensweise? Möchten wir als Forscher nicht auch einmal an einen Ruhepunkt gelangen und uns in Weisheit zurücklehnen? Sind wir als Weiser nicht auch unserer Weisheit überdrüssig und drängen zu neuen Ufern und neuen Taten? Würden wir als Rebell nicht auch gerne an der gedeckten Tafel mit dem Hofstaat sitzen und uns aus alten Büchern Geschichten über längst vergangene Zeiten vorlesen lassen?

Gegensätze ziehen sich an. Gleich gesinnt gesellt sich gerne. Im Volksmund zeigen sich beide Facetten derselben Medaille. Das Janus-Gesicht scheint omnipräsent. Der König als Rebell, der Alte Weise als Forscher. Wo bleibt da die Sicherheit der Orientierung? Wo bleibt da die eindeutige Persönlichkeit? Erinnert dieses Schauspiel nicht an die bipolare Störung eines Menschen, der von einem Extrem ins andere fällt, um dann wieder zurückzufallen an den Ausgangspunkt?

Doch wie menschlich wäre eine perfekte, eindeutige Rolle, die wir mit aller Konstanz einnehmen. Wären wir nicht unmenschlich, wenn wir uns nicht Disharmonien in der eigenen Persona leisten würden? Wo läge die Spannung, wo die Geschichte, wenn wir uns nicht verwandeln könnten? Trägt das Unerwartete nicht gerade zur Spannung bei – ist ein König, der rebelliert, nicht ungemein spannender als ein König, der seine Tradition und Würde mit Akribie lebt?

Er wandte sich dem Hexagon zu, das innerhalb seiner sechseckigen Struktur den Vitruvianischen Mann von Leonardo da Vinci zeigt. Der homo ad circulum (Mensch im Kreis) bzw. der homo ad quadratum (Mensch im Quadrat) war nun zu einem

Menschen im Hexagon mutiert mit einer verblüffend guten Gestalt und Passung. Das Hexagon als Synthese von Kreis und Quadrat – das Hexagon als Summe von sechs gleichseitigen Dreiecken – es bildete für ihn die perfekte Struktur für das Modell, das zurzeit sein ganzes Denken und Fühlen bestimmte. In ihm fanden die Trinität der Hauptspannungsfelder mit ihren korrespondierenden Werten und Archetypen Platz – eine Tafelrunde der menschlichen Existenzen – symbolisch auf ein Dutzend begrenzt.

Er nahm symbolisch an dieser Tafelrunde Platz – sein Stuhl war mit „Creator" gekennzeichnet und blickte zuerst auf sein Gegenüber, eine feenhafte Gestalt, in Weiß gehüllt – „Innocent" wurde sie in dieser Runde genannt. Wer bist Du, fragte er sich innerlich, weshalb fühle ich mich so hingezogen, weshalb glaube ich, dass du der Teil bist, der mir verloren gegangen ist? Der Moment war magisch, als sie sich gegenüber saßen. Die Nachbarn links und rechts von ihnen erhielten kaum Aufmerksamkeit – gespannt blickten beide auf ihr Gegenüber, ihre Gesten, ihre leisen Bewegungen.

Es war Liebe auf den ersten Blick. Keine platonische Liebe, sondern echtes körperliches Verlangen nach intensiver Vereinigung. Nach einem Aufsaugen des Anderen, nach einem

Aufgehen im Anderen – begleitet von einem Verlust von Zeit und Raum.

„Creator" und „Innocent" mit magischer Anziehungskraft – war dies eine Verwirrung der Gefühle? Erst beim Blick in die Tiefe erschloss sich das Rätsel dieser magischen Verbindung. Der „Creator" saß in einer seiner typischen Gestalten an der Tafelrunde, als Künstler, währenddessen sich die „Innocent" in ihrer Facette als Muse an den Tisch setzte. Der Künstler und seine Muse – was könnte offensichtlicher sein, was scheinbar natürlicher? Der kreative, unruhige Geist trifft auf das ruhende Prinzip der ewigen Ordnung und Schönheit. Erst in der Vereinigung sind sie wieder ein Ganzes – erst in der Verbindung entsteht die Kraft und Energie, die zu künstlerischen Meisterleistungen inspiriert und motiviert. Der Eine ohne die Andere verloren, kraftlos.

Der Große Geschichten-Erzähler blickte auf sein eigenes Leben. Er hatte seine Muse gefunden. Und zusammen bauten sie an einem Gesamtkunstwerk aus Stein, Ideen und Idealen.

Es gab nur sehr wenige Menschen, die wussten, dass er an einer Theorie der Spannungsfelder arbeitete, um diese Theorie in der Praxis der Markenführung und –Entwicklung nutzbar zu machen. Er hatte die Vision, eine Markentheorie zu kreieren, die in dieser

Form noch nie gedacht worden ist – eine Theorie, die in ihrer Logik bestechend einfach sein sollte, wenngleich die Komplexität dahinter durchaus enorm sein sollte. Dabei musste er an viele große Geister denken, die dem Wert der Einfachheit einen hohen Stellenwert einräumten: Steve Jobs, Steve de Shazer, Albert Einstein. In ihm hallten die Worte von Letzterem: „Wenn du es nicht einfach erklären kannst, verstehst du es nicht gut genug." Ja, er wollte seine Theorie einfach erklären können und er dachte an diejenigen, die seine Theorie einfach „abkupfern" würden, ohne ihn zu zitieren, die aber genau an diesem Punkte scheitern würden, es einfach erklären zu können. „Simplicity is the ultimate sophistication", hallte das Urmotto von Apple in ihm.

Einer, der von seinem Streben wusste, war sein Freund Matthias. Schon seit Längerem waren sie in einem losen Dialog verbunden, schon seit Längerem verband sie das Streben, den Dingen auf den Grund zu gehen. Einst hatte er einmal als Gastgeschenk ein Buch über die menschlichen Energiezustände mitgebracht, dessen Gedankenwelt ihn seitdem begleitete. In diesem Buch wurde eine Energieskala eingeführt, die von 1 bis 1000 reicht. In der Selbsteinstufung verortete er sich um den Wert 500 herum, und er fragte sich immer wieder, weshalb er auf dieser Skala nicht höher klettern wollte. 500, das korrelierte mit Kreativität, jenseits der 500 begannen Zustände, denen er sich zu dieser Zeit noch nicht gewachsen fühlte, Zustände, die er noch nicht erreichen wollte. Nein, er wollte ein Mensch sein, und nicht auf Wegen der reinen geistigen Spiritualität. Er wollte die Dualität spüren. Non-Dualität und Unendlichkeit seien ihm ja sicher in der Stunde seines Todes – wozu also diese Zustände bereits auf dieser Welt anstreben?

Gestern schickte ihm der Freund einen kurzen Videobeitrag eines Physikers und wie gebannt folgte er seinen Ausführungen über Energie – im Speziellen über Exergie und Anergie. Energie sei zwar in der Thermodynamik eine Erhaltungsgröße, nicht aber die Exergie, die vernichtet werden kann. Beim Fazit schauderte es ihn: Gibt es im Universum keine Unterschiede mehr – also keine Exergie, und alles hat denselben Druck, dieselbe Temperatur, dieselbe Stofflichkeit, dann kommt das Universum zum Stillstand.

Fieberhaft suchte er nun nach einer gedanklichen Verbindung zu seinem mathematischen Versuch mit Wahrnehmungsräumen: Bei maximalen Unterschieden sollte das Universum eine unendlich große Ausdehnung haben, bei minimalen Unterschieden eine unendlich kleine Ausdehnung. Würde es nicht bedeuten, dass wenn im Universum keine Unterschiede mehr vorhanden sind, eine Implosion des Universums stattfindet auf einen unendlich kleinen Punkt? Dann würden sich seine mathematischen Überlegungen mit den Wahrnehmungsräumen und die

Überlegungen der Thermodynamik decken. Ohne Unterschiede keine Bedeutung, ohne Unterschiede keine Spannung, ohne Unterschiede keine Energie im Sinne von Exergie, also Energie, die in der Lage ist, Dinge zu bewegen.

Wiederum musste er an seine Muse denken. Wäre sie auch Künstlerin, wäre keine Spannung da, keine Energie, keine Leidenschaft – die beiden Leben würden sich wie zwei gleichpolige Magneten abstoßen. Leidenschaft als das Resultat von Unterschieden, Leidenschaft als Spannung zwischen den Gegensätzen, Leidenschaft als Exergie, die uns beflügelt, über uns selbst hinauszuwachsen, die uns motiviert, Dinge zu tun, die eigentlich nicht möglich sind. „Man muss das Unmögliche versuchen, um das Mögliche zu erreichen", dieser Satz von Hermann Hesse drängte sich ihm hier auf. War das Unmögliche, sein eigenes Selbst im widersprüchlichen Widerpart zu besiegen? In der körperlichen Vereinigung deindividuieren wir uns, wir werden ein Ganzes, wir werden somit göttlich.

Es drängte ihn, die bis dato gesicherten Bausteine seiner Theorie der Spannungsfelder und der Theorie der Marke nochmals festzuhalten: ohne Unterschiede keine Bedeutung, kein Sinn, keine Markierung. Ohne Unterschiede keine Leidenschaft, keine Passion, keine Attraktion. Ohne Unterschiede keine Spannung, keine Potenziale, keine Energie im Sinne von Exergie. Ohne

Spannung kein menschliches Leben, keine Entwicklung, keine Individuation. Ohne Spannung keine Energie im Sinne von Exergie, also Energie, die wirkt und bewirkt.

Marken würden demnach nur in einem exergetischen Raum ihre Wirkung und ihre Attraktion entfalten können. Und je mehr Energie im Sinne von Exergie, desto höher die Attraktivität.

Nach diesen für ihn gesicherten Überlegungen stellte sich ihm nun aber eine der entscheidendsten Fragen. Und die Antwort auf diese Frage würde ihn auf seinem Weg signifikant vorwärts bringen. Zurzeit stand aber nicht eine potenzielle Antwort im Vordergrund, sondern die korrekte Formulierung der Frage – um nicht in die Falle einer Frage nach „life, the universe and everything" zu geraten. Wir nehmen uns viel zu wenig Zeit, die Fragen sinnvoll zu formulieren, dachte er bei sich. „In der Frage liegt mehr als in der Antwort", erinnerte er sich an den Beginn seiner systemisch-zirkulären Herangehensweise, Fragen zu formulieren. Die Frage sagt dir, wer du bist und wer du sein möchtest, sie trägt in sich dein Universum deiner Potenziale, philosophierte er.

Er rang nach der Frage und setzte zu einem ersten Versuch an: Wenn die Spannung und die Exergie über die Attraktivität entscheidet, sollte dann die Spannung in einem selbst oder gegenüber den anderen maximiert werden, um Markenenergie zu schaffen? Mit anderen Worten: Sollte ich in mir selbst, als Marke, als Person, als Produkt möglichst viel Energie (in der Folge immer gleichbedeutend mit Exergie) erzeugen, indem ich unterschiedliche Spannungsfelder in mir selbst generiere, oder sollte ich als Marke, als Person, als Produkt in mir selbst möglichst wenig Spannung erzeugen, indem ich in mir ruhe und eins bin mit mir selbst, aber nach Außen über meine Systemgrenzen hinweg möglichst viele Unterschiede und Spannungsfelder zu anderen Marken, Personen aufbaue? Die Frage lautete daher: Was führt zu mehr Attraktion, Spannung im eigenen System oder Spannung gegenüber anderen Systemen?

Er hatte sich weit hinausgelehnt in der Formulierung dieser Frage, denn an dieser Stelle konnte er nur einmal die Frage formulieren, an eine Antwort konnte überhaupt noch nicht gedacht werden.

Eine erste Annäherung sollte die Betrachtung des eigenen Unternehmens bringen: Wann hatte seine Marke mehr Strahlkraft und Energie – wenn sie alle drei Hauptspannungsfelder gleichermaßen würdigt – also sowohl bewahrt als auch verändert, sowohl Strukturen schafft als auch Spielräume zulässt, sowohl in der Gemeinschaft agiert als auch als Individuum auftritt – in Summe also alle zwölf Archetypen in sich trägt?

Oder sich auf nur einen Pol eines Spannungsfeldes konzentriert – also zum Beispiel den Pol Spielräume mit dem Hauptwert

Kreativität lebt mit dem korrespondierenden Archetypus des „Creators" und in Spannung tritt zu seiner Umgebung, in der z.B. der Pol Struktur mit den Werten Disziplin und Ordnung dominiert, wodurch ein möglichst großer Unterschied konstruiert wird?

In beiden Gedankenexperimenten würde Spannung entstehen – einmal im System und einmal zwischen Systemen.

Die zweite Sichtweise schien ihm die konventionelle, herkömmliche zu sein. Positionierung in einem System als Punkt in einem Wahrnehmungsraum und Markierung von Unterschieden zu anderen Punkten im selben Raum. Markenenergie als gemessene Distanz und Entfernung vom eigenen Punkt zu den anderen Punkten (oder wie wir früher den Begriff eingeführt haben – „Teilchen"). Markenenergie als Summe der gemessenen Distanzen, also Unterschiede zu allen Punkten im Markensystem.

Wiederum versuchte er es mathematisch zu fassen: Im Extremfall, in dem alle Marken an der selben Stelle im Raum positioniert werden, also maximale Austauschbarkeit herrscht und minimale Eigenständigkeit, würde der Bedeutungsraum in sich kollabieren, die Markenenergie wäre Null. Bei großen Distanzen zu den anderen „Teilchen" im Raum wäre eine große „Lageenergie" vorhanden – die Markenenergie wäre groß. Diese eher konventionelle Betrachtung von Markenenergie befriedigte ihn keinesfalls. Mehr desselben, zeigte er sich unzufrieden. Keine

Revolution. Nur alter Wein in neuen Schläuchen. Eine reine Punktbetrachtung, eine lineare Betrachtung, zu wenig Esprit, zu wenig Innovation, zu wenig Gestaltungspotenzial, zu wenig Energie letztlich.

Nein, vor seinem Inneren baute sich ein Bild auf, das die Markenenergie nicht nur an der Summe der Distanzen zu anderen Objekten festmachte, sondern zusätzlich als Energielinien im eigenen System – also an „Wellen" – er hielt also an der Teilchen-Welle-Dualität fest. Auf der einen Seite also Punkt, das heißt Teilchen, auf der anderen Seite Welle, also ein Zustand, bei dem man sich nicht nur an einem Ort im Raum, sondern an mehreren Orten aufhalten kann. Und was war dies anderes als ein Synonym für Spannung und Energie. Also Struktur und Spielräume in einer Marke, in einer Person, die je nach Kontext, nach Situation zum Tragen kommen.

Die reine Teilchen-Betrachtung würde hier zu einem fatalen Fehlschluss kommen. Einer Marke, die sowohl kreativ ist als auch strukturiert, würde sie in einem arithmetischen Mittel eine Position von Null zuordnen, also die Mitte aus zwei Polaritäten. Die Wellen-Sichtweise würde aber die beiden Pole addieren und zu dem Schluss kommen, dass die Marke eine maximale Spannungsenergie in sich trägt. Unterschiedlicher konnten die Interpretationen gar nicht sein. Dies versprach die Energie, sich dieser Frage weiter zu widmen. Aus diesem Unterschied entstand die Energie, sich in eine Theorie der Spannungsfelder zu vertiefen. Bei dem Wort Mitte wurde er hellhörig. Die heilige Mitte, der goldene Mittelweg, die Mittelschicht, die sozialen Halt gibt. Mitte als Segen und nicht als Fluch. Es begann immer komplexer zu werden. Mitte war ja an sich nicht negativ, im Gegenteil. Mitte war aber im mathematischen Modell zugleich das Fehlen von Unterschieden in einem Raum unendlicher Dichte. Mitte konnte aber auch sein das Ergebnis von zwei Welten, die aufeinander prallen und deren Energien sich ausnivellieren. Mitte konnte sein keine Energie, Mitte konnte im Wellenmodell der Markentheorie sein ein maximales Spannungsfeld zwischen zwei Polen. Mitte als heiliges Ganzes, Mitte als Stillstand, Mitte als Tod, Mitte als Leben, Mitte als Dualität und Non-Dualität.

Im Hexagon liefen alle 12 Spannungslinien symbolisch durch den Nabel des Vitruvianischen Mannes – Omphalos, der Nabel der Welt. Anfang und Ende. Leben und Tod. Das Pulsieren zwischen den Extremen: Verdichtung und Ausbreiten, Spannung und Entspannung. Wohin würde ihn seine Reise weiter führen?

Er blickte auf das Hexagon, an dessen Polen die zwölf Archetypen gestellt waren. Fasziniert schaute er auf die Pole, fasziniert schaute er auf denjenigen Punkt, an dem sich die Kraftlinien in einem Punkt, dem Nabel, trafen. Beides übte eine enorme

Anziehungskraft auf ihn aus. Die ruhende Mitte, die Balance, Homöostase und Harmonie versprach und die Pole, die Feuer, Lebenslust und Menschsein bedeuteten. Sein Blick schweifte von der Mitte zu den Polen und wieder zurück. Ja, das war das Leben, das war der Kreis des Lebens, ein Pulsieren zwischen heiligem Tod und heiligem Leben. Die Mitte versprach Frieden, ewige Ruhe, ewigen Tod, ewiges Erlöstsein von der Zerrissenheit. Die Pole versprachen Energie, Exergie, Buntheit und Vielfalt, Blütenpracht, Geschichten über das Leben und die Liebe, Feuer und Eis, die vier Elemente, das Universum der Möglichkeiten und Ideen im Sinne Platons Urbildern. Er wusste, weshalb ihm ein Energie-Level von 500 genügte. So anziehend die Mitte auch war, sie bedeutete für ihn auch Alter, Weisheit, Tod und Göttlichkeit. Er aber wollte leben, schaffen, inspirieren und kreieren, bewegen. Er wollte die Mitte zwar als Idee in sein Leben integrieren – sozusagen als 13. Fee – seine Leidenschaft gehörte aber seinen zwölf Primär-Archetypen „Sage", „King", „Caregiver", „Lover", „Jester", „Creator", „Explorer", „Rebel", „Warrior", „Hero", „Regular Guy" und „Innocent" und ihren je vier Unterformen – zusammen bildeten die 60 die Uhr seines Denkens. Und „Artist" und „Muse" ragten heraus aus diesem System, da sie seine Welt erklärten, in der er lebte, in der er liebte.

Inzwischen zeigte auch schon sein Profilbild in Facebook die Lego Minifigur, die einen Künstler darstellte als Teilaspekt des Archetypus „Creator". Er verwandelte sich somit auch symbolisch in die Gestalt, die er am meisten war. Die Nähe zum „Jester" und zum „Explorer" stärkten dabei seine Facetten: Auf der einen Seite war er auch lustiger geworden, nicht mehr so ernst; auf der anderen Seite ging er auch immer mehr Risiken ein und erforschte immer mehr die Welt. „Wir sind, was wir immer wieder tun", kam ihm ein Gedanke. Wenn wir schaffen, wenn wir unterhalten, wenn wir forschen, werden wir zum „Creator", zum „Jester", zum „Explorer". Der Schlüssel lag demnach in der Tat, nicht im Wort. Der Schlüssel lag in der Handlung, in der Bewegung, nicht nur im Denken und Antizipieren. „Mehr Mut, mehr Vision", war sein Motto für das heurige Jahr. Mehr Mut im Denken, aber vielmehr mehr Mut zu handeln, zu probieren, zu entdecken. Mehr Mut zu dem zu werden, der man sein möchte, ungeachtet der eigenen Bestimmung, ungeachtet der eigenen Gene, ungeachtet der scheinbaren Determinanten des Lebens.

An einem konkreten Beispiel wollte er die Wirkung von Spannung analysieren. Er vertrat die Ansicht, dass aus Spannungsfeldern qualitativ Neues emergieren kann. Spannung als Voraussetzung für Innovation, für Veränderung.

Vor drei Jahren hatte er den Entschluss gefasst, seine Wahlheimat Wachau zur Heimat zu machen. Er verkaufte Wohnung und Institut in der Berggasse in Wien und übersiedelte nach Mühldorf im Spitzer Graben. Der Trenninghof, ein alter Rittersitz, hatte ihn magisch angezogen und er investierte ein Jahr als Architekt in die Revitalisierung. Diese Geschichte wäre es wert, erzählt zu werden, jedoch setzen wir in der Beobachtung und Analyse der Ereignisse etwas später an – ungefähr vor einem Jahr, als die Revitalisierungsarbeiten größtenteils abgeschlossen waren.

Die Veränderung hätte kaum größer sein können: von der Berggasse im neunten Wiener Gemeindebezirk nach Mühldorf, einer kleinen Gemeinde im Spitzer Graben in der Wachau. Urban versus ländlich, Großstadt versus Dorf.

Der Trenninghof barg ebenfalls ein Spannungsfeld in sich: Der mittelalterliche Hof war mit modernster Telekommunikationstechnik ausgestattet worden. Die Breitbandigkeit des Internets vor Ort übertraf zum Teil Wiener Gemeindebezirke. Eine Glasfaserleerverrohrung wartete auf seine zukünftige Bestimmung. Mittelalter versus Zukunftstechnologie. Bewahren versus Verändern.

Folgendes war nun beim Protagonisten der Geschichte zu beobachten: War Wien vor seiner Übersiedlung oftmals mit negativen Gefühlen und Stress verbunden, fuhr er jetzt zu seinen

Einsätzen – er sagte Missionen – mit großer Freude und Energie – sei es zum Kunden, sei es zum DC Tower, seiner Lieblings-Location für seine qualitativen Formate. Umgekehrt freute er sich danach um so mehr auf seine Wahlheimat Wachau.

Zudem: Je tiefer die Beschäftigung mit Denkmalschutz und dem Bewahren alter Strukturen voranschritt, desto mehr erwachte in ihm der Drang, mit der digitalen Transformation unserer Wirtschaft mitzuhalten, ja Vorreiter in seiner Branche zu werden. Mit seinem Produkt „mobile!" setzte er state-of-the-art Standards in seinem Business.

Wiederum bestätigte sich das Muster: nicht Stadt, nicht Land, sondern beides; nicht alt, nicht neu, sondern beides; nicht analog, nicht digital, sondern beides.

Und genau in diesen Spannungsfeldern emergierten nun Strukturen gleichsam wie Kristalle, die qualitativ nicht mehr mit dem Vergangenem zu vergleichen war. Der Geist wurde frei, die Taten wurden mutig, der Körper war wach, die Seele gespannt.

Es erfolgte zunächst eine Hinwendung zu mehr Spielräumen und eine Abkehr von Struktur. Stimulanz, Kreativität und Spaß rückten in den Vordergrund, Disziplin, Ordnung und Kontrolle verloren an Stellenwert. Schon zuvor war einer der Firmenkernwerte, Perfektion, durch Inspiration ersetzt worden – heilsam für alle im Team.

Die Abkehr von einem Wert kann ein ganzes Universum verändern und den Möglichkeitsraum unendlich erweitern. Ein Wort kann so viel verhindern, Perfektion führt zwangsläufig zu einer Kultur, Fehler auf jeden Fall vermeiden zu wollen, um jeden Preis.

Die erhöhte Spannung führte also zunächst zu einem Hinwenden zu einem kreativen Chaos, zu Spielwiesen, zu einem Ausprobieren, zu einer Gamifizierung der kognitiven Prozesse. Doch schon nach kurzer Zeit erfolgte die Renaissance der Struktur in Form des Hexagons und mit dem Sinnbild des Vitruvianischen Menschen.

Das Paradoxon dabei schien, dass beide Pole ihre Attraktivität behielten. Kreativität und Struktur standen gleichermaßen auf dem Podest.

Spannungsfelder ermöglichen Spannungsfelder, dachte er. Spannungsfelder sind ein Facilitator für neue Spannungsfelder. Emergenz findet im energiegeladenen Raum statt. Das Spannungsfeld gebiert Spannungsfelder. Oder vielleicht auch: Die Toleranz, Spannung zu ertragen, steigt mit den bereits durchlebten Spannungen. Dies waren jetzt nur einmal Hypothesen, aber sie schienen eine Schlüssigkeit und empirische Evidenz aufzuweisen.

Werden ein System, eine Person, eine Marke erst einmal energetisch aufgeladen, wird in der Folge weitere Energie magisch angezogen. „The winner takes it all" – für die anderen bleibt keine Energie mehr übrig. Wie ein schwarzes Loch wird alles aufgesogen.

Plötzlich war er in der Lage, sich Energie aus allen Spannungsfeldern zu holen: Vergangenheit versus Zukunft, das Ich versus das Wir, Ordnung versus kreatives Chaos – alles galt zur selben Zeit gleichermaßen. Und es gab dabei kein Richtig und kein Falsch. Keine Schuldigen. Maximale Toleranz und Konzilianz. Viele Personen in einer Person, viele Haltungen, viele Sichtweisen, viele Brillen. Das mutete ihm nach der systemischen Schule an, nach der Grundhaltung der Vielparteilichkeit. Vielparteilichkeit gegenüber den eigenen Haltungen. Anschlussfähigkeit an alle Welten. Einmal „Creator", dann wieder Weiser, und dann Rebell, dann Krieger, etc. Welch' Vielfalt, welch' Flexibilität, welch' Buntheit! Wie eine Flipperkugel Spielball im Möglichkeitsraum, immer in Bewegung, immer neugierig, immer unerwartet im positiven Sinne.

Einmal in Spannung versetzt, gedeiht das Leben, gebiert es Neues, gebiert es die Sehnsucht nach einem Perpetuum mobile.

Mehrfache Spannungsfelder, sich überlagernd: wie Facetten bei einem Diamanten. Elektrisierend, magisch, anziehend.

Indem er dem Archetypus des Weisen und des Königs näher kam – die Ereignisse nährten die beiden Archetypen in ihm – wuchs zugleich seine Hinwendung zu den beiden Polen Forscher und

Rebell. Tradition und Sicherheit standen Risiko und Revolution gegenüber. Beides hatte seine Gültigkeit und seine Berechtigung. Je mehr er sich dem Bewahren seiner kulturellen Wurzeln verpflichtet sah, desto mehr hinterfragte er Bestehendes. Revolution – Freiheit, Gleichheit, Brüderlichkeit, Offenheit, Toleranz – der Rebell war in ihm ebenso erwacht wie der „Sovereign" und der „Sage". Das Hexagon nährte seine Positionierung als Weiser. Dennoch: Die Spannungsfelder, die sein Leben bestimmten, ließen ihn nicht ruhen. Er wurde intoleranter gegenüber versteinerten Strukturen, gegenüber Ungerechtigkeiten, gegenüber den Schattenseiten.

Vom Rebell war es dann nicht weit zum Krieger, vom Krieger nicht weit zum Helden, und da ihn die Spannungsfelder immer weiter vorantrieben, schnellte er von diesen Polen sogleich zum Gegenteil: „Caregiver" und „Lover" als Manifestationen von Gemeinschaft, Bindung, Fürsorge und Sinnlichkeit erschienen ihm ebenso vertraut wie das Auftreten als reines Individuum – der einsame Wolf, Leistung und Freiheit.

Ein Spannungsfeld war zurzeit noch etwas unterbelichtet: der „Jester" versus der Normalbürger – jedoch war er sicher, dass er auch auf dieser Dimension bald zuhause sein konnte: Mit den Spannungsfeldern kam die Toleranz, mit der Toleranz die

Konzilianz, mit der Konzilianz Witz und Humor und mit dem Humor die Hinwendung zu einfachen Dingen des Lebens.

Eine Präferenz für einen Archetypus blieb, der „Creator", der Schöpfer – der als Geschichtenerzähler, Unternehmer, Künstler und Visionär in Erscheinung tritt. Jedoch war er immer mehr in der Lage, die anderen Facetten in sich zu integrieren. Und aus diesem Universum der Unterschiede erhielt er diejenige Energie, die er zu seinem Funktionieren brauchte.

Interessanterweise zeigte sich aber auch eine gegenteilige Tendenz: Indem er das Archetypenrad immer mehr in sich abbildete, neigte er zur Mitte, zu ausgleichenden Positionen, zu weiseren Handlungen. Wiederum zeigte sich ein Paradoxon. Je mehr Energie, je mehr Spannungsfelder, je höher das Energie-Level, desto mehr Gelassenheit.

Er schlug das Buch mit den Energie-Level auf und las bei den höheren Energiestufen: Einssein, Non-Dualität, Gelassenheit, Leichtigkeit, Frieden, umfassendes Bewusstsein.

Sein Atem wurde langsam und tief: ja, sowohl als auch, nicht an den Extremen dogmatisch festhalten, sowohl Bewahren als auch Verändern, sowohl in Gemeinschaft als auch als Individuum, sowohl Regeln als auch Freiräume. Es schien ihm in diesem Moment so einfach zu sein, er wollte diesen Moment festhalten, wollte zum Augenblicke sagen, verweile doch, du bist so schön. Es lag unendliche Kraft und zugleich unendliche Ruhe in diesem „sowohl als auch".

Dieses „sowohl als auch" war aber in seiner Einfachheit dennoch unendlich komplex. Was bedeutete es denn im Hexagon? Alle drei Hauptspannungsfelder mit ihren sechs Polen waren ausgeprägt – d.h. der Spannungsbogen zog sich dreifach über das ganze Hexagon. Und der Vitruvianische Mann, der seine Arme zur Seite streckt bzw. seine Beine spreizt als Sinnbild – homo ad circulum und homo ad quadratum – beides in einem – Leonardo da Vinci wollte vielleicht ganz etwas anderes sagen, als landläufig geglaubt wird ...

Wir beobachten also in diesem Zustand der drei Spannungen eine hohe Energie. Aber warum verbrennen wir nicht an dieser Energie, warum werden wir nicht zerrissen von den drei gegenteilig ausgerichteten Kräften? Die sechs Achsen treffen sich alle in einem Mittelpunkt, in der Mitte, im Nabel des Vitruvianischen Menschen. Ist dies das Geheimnis der beruhigenden Wirkung? Oder nivellieren sich die Pole und ergeben in Summe ein Nullsummenspiel?

Er hörte auf sein Bauchgefühl, indem er auf den Nabel des Vitruvianischen Menschen blickte. Die Konstellation, wenn alle sechs Pole gleichermaßen besetzt sind, führt auf der einen Seite zu maximaler Energie und Spannung, auf der anderen Seite zu maximaler Ruhe und Entspannung. Indem sich beide Pole manifestieren, wird das Spannungsfeld zu einer Non-Dualität. Und Non-Dualität bedeutet aber Heiligkeit. Und Heiligkeit bedeutet Unendlichkeit und Göttlichkeit.

Heiligkeit bedeutet, beide Ausprägungen der Spannungslinien gleichermaßen wertfrei zu betrachten, Heiligkeit bedeutet Unversehrtheit, Heiligkeit bedeutet, keinen Unterschied zu machen zwischen den Potenzialen dieser Welt. Das Göttliche braucht keine Unterschiede, keine Bedeutungen, keine Spannungen. Wir Menschen allein definieren uns über die Unterschiede. Doch bei Wertschätzung aller Potenziale auf dieser Welt sollte eine Annäherung an die Heiligkeit auch auf dieser Welt möglich sein. Doch inwiefern konnten wir uns mit diesen Überlegungen einer Theorie der Marke annähern?

Sein Blick fiel auf das Hexagon und das Archetypen-Rad. Zwölf Plätze waren vorgesehen, ein Platz war noch nicht besetzt, alle anderen Figuren hatten schon an der Tafelrunde der menschlichen Potenziale Platz genommen. Je zwei Archetypen teilten sich eine Seite des Hexagons – als Paare standen sie da, als Gleichgesinnte im Geiste. Alter Weiser und König, Fürsorgerin und Liebhaberin, Hofnarr und Schöpfer, Forscher und ... sein Platz war noch nicht besetzt: Rebell, Krieger und Held, Bürger und

Unschuldige. Das heilige Dutzend war dem Schöpfer des Hexagons sehr wichtig, die symbolische Bedeutung dieser heiligen Zahl. Nicht an die Tafelrunde eingeladen war ein 13. Archetyp, der zurzeit außerhalb des Systems stand und Einlass begehrte. Es war dies der Magier, der sich hinter dem Schöpfer und dem Forscher aufstellte und mahnenden Blickes auf sein Gegenüber starrte, auf den Alten Weisen. Beide Figuren glichen sich: der eine mit weißem Bart, weißem Gewand, der andere in einen blauen Mantel mit Mond- und Sternenmotiven gehüllt, beide mit einem Stab, beide alte Männer.

Der Rebell in Gestalt von Robin Hood hatte es vorgezogen, nicht zur vereinbarten Zeit an der Tafelrunde zu erscheinen. Er zog es vor, sich nicht an Konventionen zu halten – in ihm schrie eine Stimme immerfort Revolution, Tod dem König. Veränderung! Weg mit dem tradierten System! Weg mit der Rigidität des Bestehenden! Zudem schrie er Gerechtigkeit, Gleichheit und Mitgefühl und die Fürsorgerin, fast sein Gegenüber schien ihm dabei beizupflichten, währenddessen der König wohl froh war, dass er nicht erschienen war. Revolution war das Letzte, was er in seinem Königreich brauchte, wenngleich er ihn manches Mal auch beneidete. War er in seiner Jugend nicht auch der Rebell gewesen, den er nun so heftig bekämpfte?

Doch zurück zum 13. Archetypus, zum Magier. War zu befürchten, dass er das ganze System verfluchte, wenn er nicht zur Party der menschlichen Möglichkeiten eingeladen war? Wen würde er verfluchen? Und wie würde sein Bann wohl aussehen?

Eine tiefe Vorahnung stieg in ihm auf, wie ein Frösteln, wie ein kalter Luftzug – er wusste, dass diese Situation das ganze System bedrohen und das Hexagon zum Einsturz bringen könnte. Er las im Buch des Archetypus, um ihn besser zu begreifen: „Magician", „Alchemist", „Innovator", „Engineer", „Scientist". Nein, diese Potenziale durften im Hexagon nicht fehlen, wiewohl sie zum Teil im „Creator" und „Explorer" angelegt waren. Dennoch brachte der Magier etwas mit sich mit, das er keinem anderen Archetypus zutraute, insbesondere in einer seiner Gestalten als Alchemist: Transformation und Transmutation.

Lapis philosophorum, der Stein der Weisen, er hätte die Macht, Unedles in Gold zu verwandeln. Nein, er brauchte ihn in seinem perfekten System – ohne ihn wäre das Hexagon mit einem initialen Makel behaftet.

Wäre es nicht fair, den freien Platz des Rebellen an den Magier zu vergeben? Würde nicht auch der Magier für Veränderung stehen, nicht im Sinne einer Revolution, aber im Sinne von Transformation?

Eine weitere Option war denkbar: Eigentlich hatte sich der Krieger in Gestalt eines Ritters in das System hineinreklamiert, da neben dem Helden ein freier Platz war auf dem Pol der Individuen mit ihren Parolen Leistung und Freiheit. Bedarf es wirklich des Ritters im Hexagon? War er wirklich der Widerpart zum „Caregiver"? War der Ritter nicht auch Held und somit nur eine der vielen Facetten des Archetypus. Wiederum schlug er sein Buch auf und las bei „Hero": „Athlete", „Liberator", „Rescuer" und ... „Warrior". Heureka! Ich hab´s! Der Krieger konnte weichen, war er ja bereits Teil des Systems in einer seiner vielen Gestalten.

Er fragte sich nun, ob der Magier den Platz des Kriegers einnehmen konnte auf dem geschrieben stand: „Freiheit". Das Gegenüber bildete die Fürsorgerin mit „Bindung". Nein, das traf es nicht. Wo ist da die Spannung. Beim Krieger war sie da, beim Magier nicht. Er musste zurück an den Start.

Verzweifelt suchte er nach einer Lösung, die sein Bedürfnis nach einer guten Gestalt, nach einer perfekten Gestalt stillte. War es denkbar, dass der Magier den Mittelpunkt des Systems bildete, er, der in der Lage war, alles zu transformieren und transmutieren? Konnte er nicht alle Spannungsfelder nach seiner Lust und Laune ändern? War er nicht der größte Schöpfer in diesem System? War er nicht am ähnlichsten zu Gott? Hatte er nicht in sich alle Spannungsfelder dieser Welt? Konnte er nicht in jede Rolle schlüpfen – einmal Held, einmal Jungfrau, einmal Schöpfer, einmal „Normalsterblicher"?

War er nicht das Zentrum, die Ganzheit, Anfang und Ende in einer Person, mit der meisten Energie und zugleich die Gelassenheit in einer Person? Symbolisierte sein Sternenumhang nicht das Universum selbst mit allen Unterschieden, Träumen, Urbildern und Idealen? War er nicht Gott selbst, der Nabel der Welt, der Schöpfer des Himmels und der Erde? Neben ihm verblasste der „Creator" – neben ihm wirkte er klein und unbedeutend. Indem er als „Creator" alle anderen elf Archetypen umarmte und ihre Energie in sich aufsog, war er ihm ähnlicher – er ruhte in sich, wie der Magier, er wurde zum Magier, allerdings nur auf dieser Welt. Die Magie lag in der Vielfalt der Gestalten, in die er schlüpfen konnte, die Magie lag in dem Kreieren von Welten, von Spannungsfeldern, von Universen im Universum.

Inzwischen überschlugen sich die Ereignisse. Der Rebell war eingetroffen und forderte seinen angestammten Platz, den ihm auch niemand verwehrte – war doch der Magier ins Zentrum gerückt und verkörperte auf diese Weise ein Zwölftel des Rebellen in sich. Jeder hatte seinen Platz und der Magier in der Mitte wandte sich allen zwölf zu, weise lächelnd. Die Tafelrunde der Archetypen war vollzählig und in der Mitte, über der Mitte fast, schwebte der Magier als Ganzheit, als Diamant, dessen Facetten in den Farben der zwölf Archetypen funkelten.

Das Hexagon selbst war eine faszinierende Gestalt, die alle in seinen Bann zog. Schon der Name Hexagon versprach Magisches, und wen sollte es dann wundern, dass der Magier über das Hexagon herrschte. Er, der zu Beginn nicht eingeladen war an die festlich gedeckte Tafel der menschlichen Entfaltungspotenziale, er war plötzlich nicht mehr die 13. Fee, deren Fluch die anderen fürchteten, er war plötzlich das Zentrum, der Nabel der Welt, die schillerndste Gestalt im Hexagon.

Das Hexagon erstarkte, nahm doch ein Archetyp in der Mitte Platz, wobei er an diesem Platz die anderen zwölf überblickte – die Mitte gewährte einen 360 Grad Rundum-Blick, in der Mitte breitete sich das Panorama der menschlichen Potenziale vor ihm aus – der Moment war mystisch und magisch!

Das Hexagon in seiner klaren Gestalt erschloss sich dem Betrachter erst in mehrmaliger Betrachtung. Insofern erfüllte es die Kriterien der experimentellen Ästhetik, wann eine Gestalt Schönheit aufweist – maximale Entropie bei maximaler Redundanz. Auf den ersten Blick war die Form klar und vertraut, einfach und zugänglich. Aber erst in der intensiven Beschäftigung gab das Hexagon seine Geheimnisse preis und auch hier nur dem

Eingeweihten, der immer wieder neue Aspekte in der Form entdeckte.

Bei dem vorliegenden Hexagon handelte es sich um die magische, heilige Ausprägung dieser Form – das gleichseitige, regelmäßige Hexagon, in das man sechs gleichseitige Dreiecke einschreiben konnte. In ihm sind zudem die Winkel gleich groß – nämlich 120 Grad. Das Hexagon passte perfekt in einen Kreis und war dadurch dem Kreis seelisch mehr verwandt als dem Quadrat. Der Kreis, ohne Anfang und Ende, das Sinnbild des Lebens und der ewigen Wiederkehr. In ihm regte sich das Feuer des Symbolforschers – vor Jahren hatte er eine Arbeit darüber publiziert – „Die kognitive Landkarte der abendländischen Symbole – die latente Struktur des kollektiven Unbewussten".

Die Magie des Sechsecks erschloss sich erst in der intensiven Beschäftigung. Werden die einander gegenüberliegenden Ecken verbunden, ergeben sich sechs gleichseitige Dreiecke. Die Konstruktion der drei primären Spannungslinien im Hexagon ergibt demnach eine göttliche Gestalt, sechs Trinitäten in Form von sechs perfekten Dreiecken. Das Verbinden von Gegenteilen ergibt demnach eine perfekte Harmonie im Universum. Das Überwinden von Gegensätzen erzeugt Harmonie und eine göttliche Ordnung. Indem wir Brücken bauen, indem wir Gräben überwinden, indem wir den Spagat wagen, bauen wir an dem

Tempel. Die Heilige Ordnung entsteht in der Verbindung von Gegensätzen, im Auflösen von Gegensätzen, und im Schaffen von Einheit und Ganzheit. Indem wir die Gegensätze aus unserer Welt herausnehmen, arbeiten wir an einem Königreich der Himmel.

Was aber passiert, wenn wir nicht die jeweils gegenüberliegenden Ecken miteinander verbinden? Welche Ordnung ergibt sich? Welche Zeichen? Würde sich dieses Zeichen von der göttlichen Ordnung unterscheiden?

Er zeichnet auf ein Stück Papier das Hexagon, verband aber dieses Mal nicht die gegenüberliegenden Ecken, sondern jeweils alle nicht gegenüberliegenden Ecken. Es zeigte sich, sein Atem begann zu stocken ... ein Hexagramm.

Was hatte dies zu bedeuten? Was war die Botschaft? Zwei wiederum gleichseitige Dreiecke bildeten das Hexagramm. Da das Hexagon auf einer seiner Seiten ruhte, dem „Bewahren" mit seinen Archetypen Alter Weiser und König, war das Hexagramm gekippt und stand nicht auf einer Spitze. Es sah also auf zwei liegende gleichseitige Dreiecke – eines schien nach links, eines nach rechts zu blicken.

Er schlug mehrere Quellen auf und versuchte sich zu erinnern: Hexagramm ... ein bedeutendes, magisches Symbol. Zum Beispiel ein Apotropäum, ein Abwehrzauber gegen die dunklen Mächte – ja genau: Faust hatte so ein Hexagramm auf den Boden gemalt und Mephistopheles konnte nicht passieren. Er las: ein Symbol in diversen Religionen, der Gnosis und … der Alchemie, wo es für die Vereinigung der Gegensätze stand – für die Verschmelzung des männlichen und weiblichen Prinzips.

Also nur eine weitere Spielart desselben Prinzips. Hexagon und Hexagramm als Schwestern im Geiste. Verbindung und Vereinigung als Abwehrzauber gegen die dunklen Mächte im Universum, gegen das Böse. Und der Magier, der Hexenmeister als Hüter des Lichts, des Guten. Mischt man Licht mit Licht, ergibt sich Licht; mischt man Licht mit Finsternis, obsiegt das Licht. Der Magier als Lichtgestalt, der Magier als Prisma, das das Licht in alle Spektraltöne aufspaltet, obwohl die Summe wieder das reine, weiße Licht ergibt. Kurze Zeit dürfen wir als Menschen die Buntheit des Lichts erleben, die Unterschiede, bevor wir zurückkehren in das Licht, das keine Unterschiede mehr kennt, das göttliche Licht. Der Magier spaltet das weiße Licht in die zwölf Archetypen – der Alte Weise und die Unschuldige tragen seine weiße Kleidung. In der Weisheit und in der Unschuld steckt viel göttliche Wahrheit – Sicherheit und Ordnung als Werte der göttlichen Hierarchie – im Wechselspiel mit Kreativität und Risiko als Ausdruck der göttlichen Schaffenskraft.

Er ertappte sich, dass er immer wieder ins Spirituelle, ins Göttliche abdriftete. Wollte er nicht eine Theorie der menschlichen Spannungsfelder konzipieren, die im Hier und Jetzt unserer irdischen Existenz einen praktischen Nutzen aufweisen sollte! Er war ein unverbesserlicher Idealist und in seinem Idealismus strebte er nach Höherem.

War es nicht so, dass der Großteil der Menschheit in Polen, in Parteien, in Schubladen dachte – dass Non-Dualität bzw. die Überwindung von Gegensätzen nur von den wenigsten angestrebt wurde? War man auf dieser Welt nicht nur erfolgreich, wenn man in Extremen dachte, sich fokussierte, sich positionierte, andere ausgrenzte, Markierungen setzte, Grenzen aufbaute, Verbindungsstege tarnte?

War eine Theorie der Marke, die ein Wellenmodell postulierte, in welchem sich die Marke zwischen den Welten bewegen konnte, nicht dazu verdammt, nicht gehört zu werden? Waren Einheit und Ganzheit nicht eine Illusion des Magiers? War nicht vielmehr das Spektrum der Archetypen relevant, war nicht das Ausgrenzen der anderen Positionen die vielversprechendste Strategie? In einem seiner Bücher stand geschrieben, dass erfolgreiche Marken klar einem Archetypus zuzuordnen sind – ein Plädoyer für das Teilchen-Modell der Marke – althergebracht und anschlussfähig.

Wie in einer Ehe bzw. einer langjährigen Beziehung und Partnerschaft war er aber davon überzeugt, dass Passion und Verlangen genährt werde durch die Fähigkeit, den Partner immer wieder zu überraschen. Wenn sich der Partner ändert, muss man sich auch ändern, um den Spannungsbogen aufrecht zu erhalten. Nähert man sich einander zu sehr an, geht die Leidenschaft verloren.

Vor Kurzem hatte er bei einem Kongress das Konzept des Identity-Overlaps gehört, nach dem es bei einer starken Markenbindung zu einer Überlappung zwischen Markenidentität und eigener Identität komme. Wo bleibt hier der Spaß? Wo bleibt hier die Anziehung, wenn wir uns bei der Marke nur in den eigenen Spiegel schauen und uns selbst begaffen – sozusagen eine narzisstische Spiegelung unseres Selbst in der Marke. Wo bleibt da die Entwicklung, die Individuation!?

Wenn wir uns nur mit einer Meute aus Gleichgesinnten umgeben, wo kann da etwas Neues emergieren, etwas noch nie Dagewesenes? Selbstbegaffung im Spiegel der Anderen, ein sich Klonen in Form von Markengebilden – wo bleibt da die Spannung? Ist dies nicht pure Energievernichtung, Spannungsvernichtung, Anergie – also Energie, die nichts mehr bewirken kann in diesem Universum?

Bedeutet diese Anergie nicht Tod – Tod in Form der Erstarrung? Bedeutete sie nicht das Risiko, die anderen zu missionieren, Kriege im Dienste des Glaubens zu führen für den einen wahren Gott? Selbstidentität mit Marken, Religionen, Menschen, Umgebung, etc. als Gefahr für die Toleranz, für den Fortschritt. Bedeutete diese Anergie nicht einen Aufruf zum Krieg, zur Diskriminierung der Andersdenkenden und Andersfühlenden?

Kritisch hinterfragte er die letzten Absätze. Musste es zwangsläufig dazu kommen, dass Identifizierung zu einer Energievernichtung führt? Konnte vielmehr Identifikation mit dem einen Ziel, mit der einen Idee nicht auch enorme Energien freisetzen? Musste Identifikation zwangsläufig einhergehen mit der Abwertung und Geringschätzung der gegenteiligen Position? Was unterscheidet den Fanatismus vom Fan?

Er dachte intuitiv, dass er einen Blick auf die niedrigen Energie-Level werfen sollte – also auf der Skala weit unten angesiedelte Zustände. Er las: niedrige Energiestufen einhergehend mit Demütigung, Aggression, Feindseligkeit, Hochmut, Arroganz, Stolz.

Also maß die Skala eigentlich Ambiguitäts-Toleranz, dachte er bei sich – also die Fähigkeit, mit Widersprüchen und Mehrdeutigkeiten ohne Aggression umzugehen. Er folgerte: Niedrige Energielevels gehen einher mit einer sehr niedrigen

Ambiguitäts-Toleranz. Hohe Energiestufen korrelieren mit einer hohen Ambiguitäts-Toleranz.

Das Energieniveau eines Menschen entscheidet über seine Ambiguitäts-Toleranz. Die Göttlichkeit besitzt unendliche Ambiguitäts-Toleranz – sie ist in der Lage, mit allen Widersprüchen, Mehrdeutigkeiten und Multikausalitäten umzugehen.

Je niedriger der Energielevel, desto größer die Aggression gegen das Fremdartige und desto größer das Bedürfnis nach Grenzen, Markierungen und Marken. Marken sind deshalb der Ausdruck von geringer Ambiguitäts-Toleranz, folgerte er, eine „Krücke" für die Masse mit niedriger Energie. Er präzisierte: zumindest Marken, die andere Marken diskriminieren. Aber tat dies nicht jede Marke? War es nicht Bestimmung der Marke, Unterschiede einzuführen, ja regelrecht zu erfinden? Die Marke ist die Erfindung eines Unterschieds, folgerte er. Im besten Falle machte sie einen Unterschied, der einen Unterschied macht – „a difference that makes a difference" – also einen relevanten Unterschied. Doch wer definiert diese Relevanz!?

Er folgerte weiter: Je höher wir in unserem Energielevel steigen, desto geringer wird die Relevanz von Unterschieden, Markierungen, Grenzen und Marken. Marken werden zwar auch von diesen Menschen gekauft, aber nicht mehr zur symbolischen

Selbstergänzung, nicht aus Identitätsstiftung, nicht um zu diskriminieren.

Seine Theorie der Marke setzte nun zu einem entscheidenden Sprung an. Niedrige Energie-Levels präferieren Marken mit niedrigen Energie-Levels, sie präferieren eindeutige Marken mit geringer innerer Dichte, mit einem klaren Profil, mit einem Archetypus, der sie führt und an der Hand nimmt – mit einem Führer ..., die Geschichte legt immer wieder Zeugnis darüber ab. Niedrige Energie-Levels suchen Marken nach dem Teilchen-Modell. Sie suchen einen eindeutigen Ort, sie suchen ein eindeutiges Territorium mit klar abgesteckten Grenzen und Markierungen. Sie suchen Dualität. Sie suchen Marken mit Anergie nicht zuletzt.

Hingegen suchen hohe Energie-Levels Marken mit hoher Dichte und hoher Energie im Sinne von Exergie. Dichte nicht zuletzt verstanden im Sinne eines analogen Zustandes, als das Universum unendlich klein war mit einer unendlichen Dichte. Sie suchen Marken mit hoher Ambiguität, mit reichlich Spannungsenergie, mit Mehrdeutigkeit und Gegensätzlichkeit. Sie bevorzugen Marken nach dem Wellen-Modell – sie bevorzugen Non-Dualität im Sinne von „sowohl als auch", von beidem.

Hatte er nicht vor Kurzem seinen Widerwillen gegen Modelle geäußert, welche das Verhalten determinieren und somit

Auswege und Schattensprünge terminieren? Ja, aber unterschied sich diese Sichtweise nicht grundsätzlich von einer neurowissenschaftlichen Determinierung durch Neurotransmitter, Hormone, und dergleichen, die uns zu einem Spielball des Stofflichen machen?

War Energie nicht mehr dem freien Willen unterworfen wie Botenstoffe im Hirn? War Energie nicht das Substrat, aus dem die menschliche Seele gewoben ist? War Energie nicht selbstbestimmter als die Emotionszustände? Konnten wir nicht einfach sagen, ich toleriere mehr Unterschiede, schiebe die Grenzen hinaus, erweitere meinen Horizont, mache mein System durchlässiger – war dies nicht ein Garant, den eigenen Energielevel zu erhöhen und dadurch ein anderen Mensch zu werden – ein „Wellen-Mensch", der sich immer wieder an unterschiedlichen Orten, auch gleichzeitig aufhalten kann – der im selben Augenblick bewahrt und verändert, der im selben Augenblick Regeln aufstellt und Freiräume schafft, der im selben Augenblick allein und in der Gruppe lebt?

Anders herum: Indem wir Marken, Markenräume nach dem Wellenmodell erschaffen, erschaffen wir eine bessere Welt im Sinne von mehr Ambiguitäts-Toleranz, ganz allgemein gesprochen im Sinne von Toleranz. Indem wir „Wellen-Marken" schaffen, erhöhen wir die Potenziale, die kreativen Spannungen, erhöhen wir die Innovations- und Wachstumsperspektiven. Wellen-Marken besitzen die Fähigkeit des Beamens.

Um nicht einem Trugschluss zu verfallen: Sowohl Teilchen- als auch Wellen-Marken haben ihre Daseins-Berechtigung, ihren Markt, ihre Zielgruppe. Niedrige Energie-Level nur zu verdammen, sie nur als Schatten wahrzunehmen, wäre sicherlich zu eindimensional gedacht. Brauchen wir die niedrigen Levels nicht, um die höheren wertzuschätzen? Wenn wir die Abgründe nicht kennen, wie können wir dann die lichten Höhen schätzen? Brauchen wir nicht das Böse, um das Gute in uns zu erkennen?

Er hielt fest: Wie viel Spannung, wie viel Ambiguität einer Marke gut tut, hängt vom Energie-Level der Zielgruppe ab. Je höher die Energiestufe, desto energetisch angereicherter und non-dualer kann bzw. sollte eine Marke sein. Je niedriger der Energie-Level, desto mehr sollte das Prinzip der Polarität gelten: also entweder das Eine, oder das Andere, Ausschluss von Ambiguität, um anschlussfähig zu bleiben.

Wie viel Energie verträgt diese Welt? Hier tat sich ihm ein grundlegendes Dilemma auf. Wenn alle einen hohen Energie-Level haben, was ist es da noch wert, wo liegen da die Unterschiede, auf denen unser soziales System beruht? Brauchen wir nicht soziale Unterschiede, damit unser System funktioniert?

Wenn es allen gut geht, geht es dann nicht wieder allen schlecht? Leben wir nicht in einer Teilchen- und einer Wellengesellschaft? Wenn es keine Unterschiede mehr gibt, wo bleibt da die Spannung – hatten wir dies nicht aus der Physik gelernt: Wenn es keine Unterschiede mehr gibt im Universum, ist dies der absolute Stillstand, der Tod des Universums? Eine recht zynische Rechtfertigung für soziale Unterschiede ...

Wenn alle König sind, ist niemand mehr König; wenn alle Helden sind, gibt es keine Helden mehr. Wir müssen uns unsere Gefolgschaft erschaffen, um König zu sein; wir brauchen Personen, die gerettet werden müssen, um unsere Heldenrolle einnehmen zu können.

Ist Non-Dualität nicht ein Luxus, den sich nur wenige leisten können? Kämpft man am dualen Pol nicht einfach ums nackte körperliche und psychische Überleben! Selbstverwirklichung und Spiel mit den Potenzialen als Spiel für die Reichen, die sich Wellenmarken leisten können, die sich Ambiguitäten und Widersprüche leisten können?

Ist die „Welle" nicht ein Vergnügen für die Wohl-Genährten, Gesetzten, Gelangweilten, Wohlstands-Verwahrlosten und das „Teilchen" für die, die einfach ein sicheres Zuhause suchen, einen ruhigen Hafen, ein Stück Brot am Abend?

Der Kontext bestimmt, der Kontext formt, der Kontext repositioniert. Wir werden zu Wellenfanatikern, wenn wir in sicheren Zeiten leben, dann können wir es uns leisten, mentale Ping-Pong-Spiele anzugehen, während wir zu Teilchenfanatikern werden, wenn Krieg herrscht und Unsicherheit in dieser Welt.

In Zeiten der Unsicherheit suchen wir einfache Wahrheiten, in Zeiten der Unsicherheit sinkt unser Energie-Level und wir werden empfänglich für einfache, manipulative Botschaften, für Heilsversprechen – wir wenden uns klaren Archetypen zu und verfallen oftmals seinem Schattenbild.

Je besser es uns geht, desto mehr sehnen wir uns nach Ambiguität, desto untreuer werden wir – dies ist die eine Seite. Andererseits gehen wir aber auch hinaus in die Welt, suchen die Unterschiede und öffnen uns. Und indem wir uns öffnen, erhöhen wir unsere Energie.

Eine Theorie der Marke musste also die Umgebungsenergie miteinbeziehen, den Kontext. Eine Theorie der Spannungsfelder konnte nicht existieren ohne den Bezug zum aktuellen Energiezustand in dieser Welt, in den Markenlandschaften.

Er liebte die Wachau, UNESCO-Weltkulturerbe, eine der schönsten Landschaften dieser Welt. Vor drei Jahren hatte er diese Landschaft zu seinem Lebensmittelpunkt gemacht. Und auf kleinstem Gebiet offenbarten sich in dieser Kulturlandschaft, dieser Dachmarke, alle Spannungsfelder. Das Hauptspannungsfeld sah er zwischen den Polen Bewahren und Verändern. In der Wachau schien diese Spannung besonders ausgeprägt zu sein. Der Pol Bewahren schwebte bedeutungsschwanger über der Region, nicht zuletzt aufgrund des formalen Status als Welterberegion. Erbe konnotierte Tradition, Wurzeln, Vergangenheit, Geschichte und Geschichten. Erbe, das klang bedeutend, tiefgründig und sakrosankt. In ihm blitzte ein Satz aus Goethe auf: „Was du ererbt hast von deinen Vätern, erwirb es, um es zu besitzen". Welch' nicht triviale Aussage! Welch' Rätsel! Erbe also nicht als passiver Zustand, sondern als aktives In-Besitz-Nehmen. Erbe als Aufforderung an die nächste Generation, mit dem Erbe etwas zu tun, um die Legitimation darüber zu erhalten.

Oft und oft hatte er in den letzten drei Jahren über den Status als Welterbe nachgedacht. War dies ein Auftrag, das Bewahren auf einen Altar zu stellen, nichts mehr Neues zuzulassen, einen Götzendienst zu feiern an den Orten der Geschichte, alles Fremde auszusperren, ein musealer Anspruch, die Vergangenheit unter einen Glassturz zu stellen.

Die Marke Wachau als „Teilchen"-Marke, die sich eindeutig an einem Pol des Spannungsfeldes positioniert, ja anklammert mit all ihren Organen. Die Wachau als Monolith, als Wahrzeichen – König und Alter Weiser. Lag darin die Magie – konnte die Wachau damit den Magier auf Dauer auf ihre Seite bringen – den Herrscher über Transformation und Transmutation.

Waren der König und der Alte Weise nicht einsam geworden – sie saßen an der von der Geschichte reichlich gedeckten Tafel an ihrer Tafelrunde, aber nur zwei der zwölf Plätze waren besetzt. So führten sie Selbstgespräche miteinander, lobten sich selbst. Der König pries die Weisheit und Umsicht des Alten Weisen; der Alte Weise pries die stabile Herrschaft des Königs, die bereits seit Jahrhunderten überdauerte.

Irgendwie war es aber einsam geworden in ihrem Königreich. Die Geschichten langweilten das Volk, immer und immer wieder wurden dieselben Geschichten erzählt mit denselben Protagonisten. Die Ruhe, die die Herrschaft des Alten Weisen und des Königs mit sich führte, der Frieden, den alle so schätzten, bekam den Beigeschmack eines Mausoleums, eines Tempels, in dem die Gottesdienste keine Liebe und kein Feuer mehr versprühten.

Doch auch in ihrem Königreich gab es Rebellen, solche und solche. Manche verstanden sich als Gegenkraft, als konstruktives Gegenüber, die dem Königreich die verloren gegangene Hälfte wieder zurück geben wollten. In ihnen wirkte der Archetypus des

Rebellen und etwas auch des Forschers. Sie waren neugierig, wollten Risiken eingehen, nicht aber um des Risikos willen, sondern um ihre Landschaft zu verändern, dass sie nicht vergreist und erstarrt in Amt und Würde.

Es gab aber auch solche, die weder das Bewahren noch das Verändern schätzten, und auch nicht die Mitte zwischen den beiden Positionen; also nicht das Eine, nicht das Andere, nicht beides, sondern keines von beidem! Dieses „keines von beidem" machte ihm Angst. War dies nicht Anarchie? War dies nicht blanke Zerstörungswut, Piraterie, einfach um der Idee des Welterbes zu schaden, das Erbe zu vernichten, ohne Konzept für Neues, nur blanker Aktionismus?

Was er beobachtete, war, dass eine Renaissance des anderen Teils des Spannungsbogens – das Verändern – auch den Teil des Bewahrens stärkte. Der Kontext bestimmt die Größe des Unterschieds. Nur alte Häuser in einer Landschaft erzeugen weniger Spannung als eine ausgewogene Mischung zwischen alten und neuen Häusern – wohlgemerkt neuen Häusern, die der Archetypus des Rebellen, des Forschers und des „Creators" baut – nicht diejenigen Häuser, welche die „Piraten" bauen, die sowohl dem Alten als auch dem Neuen einen Schaden zufügen, indem ihr Schatten auf die Landschaft fällt.

Neben einem alten Haus wirkt ein modernes Haus moderner. Neben einem modernen Haus wirkt ein altes Haus älter. Der Kontext, das Umfeld bestimmt die Bedeutung. Nichts ist an sich so, sondern das Umfeld und die Kommunikation darüber bestimmt die Bedeutung. Das Alte definiert sich über das Neue und umgekehrt. Die Piraten einer Landschaft setzen ihre Zeichen wahllos in die Landschaft – sie bauen nicht an einer gemeinsamen Identität, sie bauen an überhaupt nichts, sie verfolgen keine Ziele, keine Visionen.

Indem der König und der Alte Weise Forscher und Rebellen in ihrem Königreich zuließen – was nicht unbedingt heißt, dass es sich um eine Umarmung handelte – wuchs die Spannung im Königreich. Mit der neu gewonnenen Energie wurde ein zweites Spannungsfeld belebt – Struktur versus Spielräume. War die Struktur doch artverwandt mit dem Bewahren, konnte sie sich im alten Königreich, als es noch keinen Rebellen und Entdecker gab, schon gut zurechtfinden: Die Unschuldige stand immer schon an der Seite des Alten Weisen und der Bürger suchte immer schon die Nähe zu Struktur, Ordnung und Sicherheit.

Nun aber, da die Veränderung in das Königreich Wachau Einzug gehalten hat, wurde der Boden genährt für den „Jester" und den „Creator". Plötzlich konnte man wieder frei denken, der Hofnarr konnte sich kritisch über den König äußern; Architekten, Künstler fanden den Boden für ihre kreativen Entwürfe und auch die Anerkennung. Die Wachau erblühte: Im Wechselspiel zwischen Bewahren, Denkmalpflege und Brauchtum und Verändern, Öffnung und Entdeckung emergierten neue Formen, eine neue Sprache, eine neue Verbundenheit, eine neue Energie.

Ebenso im Spannungsfeld von Struktur und Spielraum. Alte Strukturen wurden wertgeschätzt, in ihrem Ensemble geschützt, Regeln und Gesetze dienten dem Ganzen und der Idee – auf der anderen Seite ließ man auch zu, schaffte Freiräume, Bürokratie wurde reduziert, Unternehmertum gefördert.

Das dritte Spannungsfeld profitierte ebenso von dem Klima der Öffnung. Waren zuvor viele in sich gekehrt und zogen die Einsamkeit vor, ihren Status als Individuum, die Abgrenzung gegenüber anderen, ja selbst gegenüber Nachbarorten in der Wachau, so wuchs durch die Veränderung die Energie im Gesamtsystem. Die Aggression und Separatismus-Tendenzen wurden immer weniger, es entstand in der Region ein Gefühl von Einheit, Einssein, von Gelassenheit und von Leichtigkeit. Und alle profitierten davon, der Einzelne, die Gemeinschaft. Es kehrte Wohlstand ein, die Dinge liefen wie von Geisterhand. Die Energie in der Region trieb die Einwohner zu immer neuen Spitzenleistungen, was sich wiederum positiv auf die Nachbarregionen auswirkte. Man stand einander nicht feindselig gegenüber, sondern wie in einem Wettbewerb, einem Turnier, in dem sich Ritter auf Augenhöhe miteinander maßen.

Die Marke Wachau war von der Teilchen-Marke zur Wellen-Marke transformiert worden. Es lag Magie und Zauber im Land. Die Möglichkeiten schienen unbegrenzt. Alle zwölf Archetypen der Spannungsfelder waren hier zu Hause und fühlten sich wohl, der Archetypus der Mitte hatte eine neue Heimat gefunden, und die Schatten fühlten sich nicht mehr wohl in diesem Land des Lichts. Wo viel Licht ist, ist auch viel Schatten, ja, aber das Licht stand so weit oben am Horizont, dass der Schatten kaum sichtbar war.

Die wiederbelebte Spannung im Land Wachau zog Feen, gute Geister, Elfen und alle Geschöpfe der Märchen an. Das Land war heilig geworden, nicht mehr zerrissen. Und obwohl die Unterschiede größer geworden waren, waren die Unterschiede kleiner geworden. Indem alle Pole der Spannungsfelder besetzt waren, war es zu einer Ausdehnung der Landschaft gekommen. Und indem sich diese Pole nicht bekriegten, sondern in Wechselspiel und gegenseitiger Befruchtung in Beziehung traten, wurde es ein Land der Mitte, in dem es keine Unterschiede mehr gab bzw. in dem sich die Unterschiede ausbalancierten.

Das dritte Spannungsfeld – die Spannung zwischen Gemeinschaft und Individuum, zwischen Gruppe und Einzelwesen, zwischen Wir und Ich – führte zu einer Bevölkerung der Kulturlandschaft mit den

Archetypen Fürsorgerin und Liebende auf der einen Seite und Krieger und Held auf der anderen Seite. Bindung und Sinnlichkeit ließen das Land erblühen, die Wüste der Einsamkeit und Isolation ergrünte in warmen Farbtönen. Freiheit und Leistung bewachten die Grenzen des Königreichs - Held und Krieger bildeten starke Pfeiler, an denen die Schatten zerbrachen. Das Böse zerschellte an den Mauern. Das Energiefeld war gleichsam Nährboden und Schutzschild.

Die Kulturlandschaft Wachau war ein Musterbeispiel in der ganzen Welt geworden – ein Utopia unter allen Welterberegionen. Indem man es verstand, alle Wege des Hexagons zu beschreiten, indem man es verstand Brücken zu bauen und Pfade auf bis lang unwegsamem Gelände zu errichten, erschuf man eine neue Weltordnung.

Der Weg vom Bewahren hin zu Verändern und wieder zurück in einem pulsierendem Gleichgewicht, der Weg von der Struktur zu Spielräumen hin wieder zu neuer Struktur und wiederum neuen Spielräumen, der Weg vom Individuum zur Gemeinschaft mit Aufrechterhaltung der eignen individuellen Identität hatte ein System erschaffen, das prototypisch für beides stand: maximale Unterschiede bei gleichzeitig minimalen Unterschieden. Das war das Utopia Wachau. Ein Ort der Energie mit allen Facetten des Lebens – mit allen Archetypen und mit dem Heiligsten: der Mitte, die alle Unterschiede zu einem harmonischen Ganzen aufnimmt, einen Ort maximaler Dichte, in der die Bedeutung und die Polaritäten keine Rolle mehr spielen, Non-Dualität, Einssein.

Es war somit eine Wellen-Marke geschaffen worden, die eine sehr große Anziehungskraft auf die Welt ausübte. Die Wellenmarke Wachau. Die Marke konnte sich in allen Welten bewegen, war Kosmopolit, war Herzeigeschild für das, was auf dieser Welt potenziell errichtet werden kann, wenn wir die Potenziale des Hexagons nutzen. Ein Königreich der Himmel, ein Utopia.

„Was du ererbt hast von deinen Vätern, erwirb es, um es zu besitzen". Das Erbe als Ausgangspunkt für Entwicklung. Das Erbe als Startpunkt für die Reise nach Utopia. Wurzeln, Geschichte und Geschichten als Geschenk Gottes, aber auch als Auftrag, den Weg weiterzugehen, die Pfade des Hexagons zu beschreiten, um so das Erbe von Generation zu Generation zu vermehren und anzureichern. Und am Ende kehrt dann das Erbe zu seinem Ursprung zurück, indem es der heiligen Mitte zum Opfer dargebracht wird.

Utopia Wachau – diese Vision hielt ihn gefangen. Eine neue Weltordnung, eine neue Gesellschaftsordnung auf kleinstem Raum. Ausgehend vom Status als Welterberegion. Ausgehend vom Status des Erbes.

Er rang nach den Begriffen, nach den Unterschieden, nach den Begriffen der Unterscheidung. Weltkulturerbe, Weltnaturerbe. Kultur versus Natur, Kultur und Natur. Indem wir eine Landschaft kultivieren, entziehen wir der Natur Raum. Musste diese Schlussfolgerung so gelten? Konnte Kultur nicht Natur ebenso zum Strahlen bringen, wie es die Natur tut, wenn sie die Kulturdenkmäler umschmeichelt? Konnte Kultur einer Landschaft erst zum Durchbruch verhelfen, dass sie zu dem wird, was an Potenzialen in ihr steckt?

Der Bildhauer, der sein Werk aus einem rohen, unbehauenen Stein gewinnt, sieht er nicht alle Potenziale, die in diesem Stein schlummern? Verbirgt der Stein nicht unendlich viele Potenziale, die in der Arbeit am Stein dann zum Vorschein treten? Die wunderbare Figur, die sich am Ende des Prozesses der Bildhauerei manifestiert, ist ja potenziell bereits im Stein angelegt. In der Arbeit am Stein setzen wir diese Potenziale frei und erzeugen neue Energie und Spannung.

Glich dieser Prozess der Bildhauerei nicht auch der Landschafts-Erschaffung in der Wachau über die Jahrhunderte? Zuerst nur eine Landschaft an einem Strom, entfaltet sie ihre Strahlkraft erst durch Menschenhand, indem die Hügel in Kulturlandschaft transformiert werden und Bedeutungen zu Tage treten, die der Natur nicht zu entnehmen waren.

Die Terrassierung des Berges gleicht der Arbeit an der Pyramide –
die Terrassen sind dabei ein Sinnbild für eine der
energiegeladensten Symbole und Formen auf dieser Welt – die
Steinpyramide, die Himmel und Erde in einer heiligen Hochzeit
verbindet und in der Lage ist, Menschen zu transmutieren von
einem Natur- in ein Kulturvolk. Indem die Arbeit am Berg
verrichtet wurde, und die Steinterrassen gebaut wurden,
veränderte sich die Landschaft und das Mikroklima. Kultur erschuf
nicht nur Kultur, Kultur erschuf auch Natur.

Die Wärme der Steinterrassen veränderte nicht nur das Gemüt der
Leute, sie veränderte auch die Landschaft selbst, die Natur. Die
Wärme konnte sich nun länger in der Landschaft halten, in den
Hügeln, die Wärme veränderte alles. Und mit der Wärme der
Pyramiden, die sich entlang der Hügelketten entlang des
Donaustromes und im Seitental verbreitete, wuchs auch der
Unterschied zu der Nacht. Die Temperatur-Unterschiede wurden
größer, die Potenziale vergrößerten sich und steigerten sich ins
Wuchtige, ins Enorme. Je mehr Unterschiede, desto größer die
Spannung. Die Steinpyramiden erschufen eine neue Welt, die
Süße und Säure gleichermaßen hervorbrachte und somit eine
neue Qualität entstehen konnte. Wiederum war der Schlüssel im
Verständnis die Position des „beides" – Süße und Säure, in
Harmonie.

Die Kultivierung der Landschaft vergrößerte die Unterschiede –
die Pyramidenbauer in der Wachau legten den Grundstein für das
Utopia Wachau. Sie energetisierten die Landschaft, indem sie das
Spannungsfeld von Kultur und Natur perfektionierten. Natur
bewahren, sie aber transformieren zu Kultur, um wiederum zu
scheinbarer Natur zu werden – sozusagen eine natürliche
Transformation – perfekt gelungen in den Steinterrassen. Die
Hüter dieser Terrassen sind die Wächter, die um die enorme
Bedeutung dieses Unterschiedes wissen. Den Stein zu formen, mit
Steinen zu bauen, ist eine sakrale Handlung, und die Arbeit am
und mit dem Stein verändert den Menschen und die Landschaft.

So geformte Kultur ist kein Widerspruch mehr zur Natur – im
Gegenteil – Kultur und Natur werden eins, untrennbar
miteinander verbunden, sich gegenseitig befruchtend. Die
Steinterrasse in der Wachau ist die heiligste Form dieser
Vereinigung der Gegensätze. Als Pyramiden liefern sie die
potenzielle Energie für die Errichtung von Utopia.

Der Kulturschaffende ist dabei ein Rebell, ein „Creator", ein
Entdecker. Er rebelliert gegen die nackte Natur, er sieht die
Potenziale in der Natur, er erschafft eine neue Welt, indem er
Natur in Kultur transformiert. Gelingt dieser Prozess, dann wird
Kultur als natürlich wahrgenommen. Niemand hinterfragt die

Steinterrassen, doch sind sie nicht mehr da, verliert die Landschaft ihren Reiz, egal ob am Strome oder nicht.

Kultur, der es nicht gelingt, als natürlich wahrgenommen zu werden, verfehlt ihre Eignung und ihre Bestimmung in einer Weltkultur- und Weltnaturerberegion. Kultur, also Gebilde und Werk aus Menschenhand, muss im Welterbe als natürliche Entwicklung entlang des Spannungsfeldes Bewahren versus Verändern wahrgenommen werden. Kultur, der dies nicht gelingt, ist Piratenkultur, Kultur die Anergie produziert, die die Landschaft schwächt und Exergie vernichtet – also Energie, die wirkt und bewirkt.

Utopia Wachau hat keinen Platz für anergetische Prozesse, für die Piraten unter den Rebellen. Sie scheidet Rebellen von Piraten. Piraten, die zugleich Natur als auch Kultur vernichten, und somit keines von beidem schaffen, und somit Kultur und Natur vernichten, haben in Utopia Wachau keinen Platz.

Utopia Wachau – das war für ihn Einheit, Einssein, Ganzheitlichkeit von Kultur und Natur und den Menschen, die in dieser Landschaft lebten. Er hoffte, dass die Steinpyramiden ihre Energie entfalten würden, indem sie die Menschen zum gemeinsamen Festmahl vereinten.

EINE Wachau! Nicht die Wachau an der Donau, nicht die hundertprozentige Wachau, nicht die ursprüngliche Wachau, nicht die besondere Wachau, nicht die Urwachau. Sondern DIE Wachau! Das Welterbe Wachau! DAS Welterbe schlechthin! Das war sein Utopia!

Sein Utopia lag begründet im 13. Archetypus, der alle 12 Archetypen in sich vereint. Sein Utopia war ein Land mit maximaler Energie, somit maximalen Unterschieden, bei gleichzeitig großer Einheit und Einigkeit. Ein Land der Mitte, in der die Magie der Non-Dualität spürbar war.

Er besaß zwar schon dieses Land, im Kleinen, in seinem Trenninghof, wo er dieses Utopia schon lebte, einen Ort, in dem sich die Unterschiede in der Mitte trafen, er träumte jedoch auch von Utopia Wachau. Es schmerzte ihn, dass er die Potenziale in dieser Landschaft nicht voll ausgeschöpft sah, es tat ihm weh, wenn er Diskriminierung einhergehend mit niedrigen Energiestufen erlebte.

Gab es nicht einen Film – den 13. Krieger? Es sah sich als 13. Krieger, als Archetypus des 13. Kriegers, der in Wirklichkeit aber nicht Krieger ist, sondern die Personifizierung der ausgleichenden Mitte. Indem wir den 13. Krieger, den Magier, in unserer Mitte aufnehmen, ihm einen Platz an der Tafelrunde geben, obwohl die Tafelrunde nur 12 Plätze aufweist, verbringen wir das Wunder von Utopia.

Das Geheimnis von Utopia lag für ihn darin, dass er zu Beginn seiner Reflexionen den Tisch für 12 geladene Gäste gedeckt hatte und er im Laufe der Geschichte erkannte, dass er den Platz in der Mitte vergessen hatte. Indem er die symbolische Beschränkung auf die heilige Zwölfzahl verließ, erschuf er erst das Universum. Indem er demjenigen Herberge gab, der am wenigsten darum bat, erfüllte er sein Schicksal.

Der 13. Archetypus, das fünfte Rad am Wagen, die 13. Fee, die nicht zum Essen eingeladen war, da es an der Tafel an Platz mangelte, der 13. Archetypus erwies sich als Schlüssel zum Verständnis der Welt und des Universums, im Kleinen und im Großen. Erst als er in der Mitte Platz nahm, ergab das System einen tieferen Sinn. 12 + 1 ... das war die magische Formel. Und diese 12 + 1 ergab nicht die 13, sondern eine Zahl, die unendlich groß war. Sie zu dem System der 12 zu addieren, war der Meilenstein in seiner Theorie der Spannungsfelder. Diese scheinbar unscheinbare Zahl, die gleich nach der Null kommt, ist in der Lage, die Welt zu verändern und neue Welten zu erschaffen. Indem wir die 1 in unserem Leben zulassen, ihr einen Platz an unserem Tisch gewähren, sie Teil unserer Marke und unserer Persönlichkeit werden lassen, erschaffen wir eine Welt voller Potenziale, voller Energie und Spannung.

Indem wir die Zahl 1 hinzunehmen, verwandeln wir Materie in Idee, Dualität in Non-Dualität, Endlichkeit in Unendlichkeit.

Er nahm die Figur des Magiers in seine Hand, stellte sie in seine Handfläche und sagte innerlich zutiefst bewegt: Danke! Er stellte die Figur in die Schnittlinien, die sich im Nabel des Vitruvianischen Mannes trafen, und erkannte in ihm den verloren gegangenen Schlüssel zum Verständnis der Welt.

„Lost Symbol", das verlorene Symbol, Dan Browns Roman kam ihm schlagartig in den Sinn. Das Wort an der Spitze der Pyramide des Washington Monuments – „Laus Deo" – gepriesen sei Gott! Der 13. Archetyp als der verlorene Schlüssel – das verlorene Symbol. Der 13. Archetyp als Verbindung zwischen Gott und dem Menschen. In ihm sind wir Gott am ähnlichsten. Indem wir uns in die Mitte des Systems stellen, alle Unterschiede sehen und wertschätzen, bekommen wir eine Ahnung von Gott. Indem wir den Weg der Mitte gehen, schöpfen wir unser menschliches Potenzial am meisten aus, spüren am meisten Gott in uns. Indem wir der Mitte Raum in unserem Leben gewähren, erschaffen wir Utopia!

In ihm tauchte das Bild des Heiligen Grals auf, der über der Mitte der Tafelrunde schwebte. Der Heilige Gral, auf dessen Suche wir uns zeitlebens begeben. Die Gralsburg als Chance, den verletzten

König mit der Mitleidsfrage zu erlösen. Doch wir sind Parzival und schweigen zu den Schmerzen des Fischerkönigs.

Der Heilige Gral schwebte über der Tafelrunde als 13. Archetypus. Durch seine Anwesenheit heiligte er die Runde.

Die Suche nach dem Heiligen Gral war die Suche des Menschen nach Göttlichkeit. Tief in uns haben wir eine Ahnung, dass diese Welt gebaut aus Unterschieden nicht von Dauer sein kann, nicht von Dauer sein soll. Tief in uns sehnen wir uns nach dem Heiligen Gral, der das Wunder der Menschwerdung Chisti in sich trägt. Christus als Sinnbild für das Ende eines Weges, das Ende der Zerrissenheit, die Versöhnung der Widersprüche. Auferstehung bedeutet, ohne Unterschiede wiedergeboren zu werden, weder als Mann noch als Frau, sondern als reine Energie im Universum.

Es war die Karwoche, was erklärte, dass der 13. Archetypus im Zentrum der Reflexionen stand. Doch es war nicht diese eine Woche, die dies erklärte. Es war die Abneigung, die zunehmende Abneigung gegen den Hass in dieser Welt, gegen Ausgrenzung, gegen die Potenzialverschwendung. Positiv formuliert: Es war die Hinwendung zu den Potenzialen in dieser Welt und zu dem Glauben, dass Utopia möglich sein wollte. Er war ein unverbesserlicher Idealist und Optimist! Und er wollte für eine Sache kämpfen und nicht gegen etwas! Er wollte eine Vision entwickeln für Utopia.

Utopia wurde regiert von den 12 Archetypen, die alle dasselbe Stimmrecht hatten. Sie trafen sich ein Mal im Jahr an der Tafelrunde, um gemeinsam ein Mahl einzunehmen. Es gab keinen Anführer. Jedes Mal übernahm jemand anderer den Vorsitz, wobei an der Tafelrunde keine Hierarchie sichtbar war – es gab keinen erhöhten Stuhl für den König. Der König war Gleicher unter Gleichen. Eigentlich war es keine Tafelrunde, sondern ein Hexagon, was die 12 Archetypen optisch in sechs Paare gliederte, die sich allerdings nur in gewissen Zügen ähnelten.

Die Tafelrunde hatte das Ziel, möglichst große Unterschiede zu ermöglichen in der Hoffnung, dass sich aus diesen Unterschieden möglichst kreative Lösungen ergeben würden.

Wo aber war in diesem Utopia der 13. Archetypus? Diese Frage war nicht leicht, wenn überhaupt zu beantworten. Er erschien und ging, wie es ihm beliebte. Er erschien, wenn sich zwei Spannungsfelder umarmten, wenn sich der König angeregt mit dem Rebellen unterhielt, wenn „Creator" und „Innocent" alle kreativen Potenziale auslebten, wenn die Liebende auf ihren Helden traf. Und er ging, wenn Zwistigkeiten entstanden, der Alte Weise den Entdecker schulmeisterte, der Jester vom Bürger ausgelacht und somit missverstanden wurde und die Fürsorgerin den Krieger ob seiner erlittenen Wunden tadelte.

Er war ein freies Element und dennoch berechenbar. Keinesfalls wollte er der Oberlehrer sein und dem Schatten des Alten Weisen Konkurrenz machen. Er war ein Symbol für den Zustand in Utopia. Wurden in Utopia viele „Wellen-Marken" produziert und entwickelten sich in Utopia viele Menschen zu „Wellen-Menschen", zeigte er sich häufig auf der Straße, im Ort und bei Festen. Sobald aber viele „Teilchen-Marken" produziert wurden, und die Menschen zu „Teilchen-Menschen" wurden, zog er sich zurück, wurde selten gesehen und das Licht in Utopia schien weniger hell.

Der 13. Archetypus ließ sich weder manipulieren, noch korrumpieren. Jeder Versuch einer Beeinflussung in die eine oder die andere Richtung führte zu einem Entschwinden. Er war der Wahrer, der Wächter über das Gleichgewicht der Kräfte. Und er hatte keine Liebkinder: Der Rebell war ihm genauso recht wie der König, der Hofnarr bekam von ihm dieselbe Aufmerksamkeit wie der Bürger, er unterhielt sich mit der Fürsorgerin genauso gerne wie er den Heldentaten des Ritters lauschte.

Seine Aufmerksamkeit war allgerichtet, sein Interesse auf alle verteilt, er hörte allen zu, er unterstützte alle; sobald sich aber Aggression zeigte, Neid, Missgunst, Misstrauen, verfiel er, wurde er blass und krank, wie der kranke Fischerkönig in der Gralsburg und wartete sehnsüchtig auf denjenigen, der ihm die erlösende

Frage stellte und ihn von seinen Schmerzen befreite: „Oheim, sag, was quält dich so?"

Der 13. Archetypus war gleichzeitig der Stärkste und der Schwächste. Er hatte die meiste Energie von allen, aber man konnte ihm seine Energie mit einem Wort rauben. Da er alle Potenziale in sich trug, war er unendlich sensibel und einfühlsam. Da er alle Potenziale in sich trug, war er aber willkommenes Ziel des Angriffs von Piraten, die ihm nach dem Leben trachteten. Die Piraten waren seine wahren Gegenspieler in diesem Großen Weltendrama. Sie waren genau das Gegenteil von ihm, dem Großen Magier der Welten.

War er beides, sowohl als auch, eins, so war sein großer Gegenspieler, der Piratenkapitän, keines von beiden, weder noch, nicht eins. War er Christ, so war er der Anti-Christ! War er der 13. Archetypus, so war sein Gegenspieler der 0. Archetypus.

„Ich bin der Geist, der stets verneint, denn alles, was entsteht, ist wert, dass es zugrunde geht", zitierte er Mephisto aus Goethes Faust. Der 0. Archetypus bildete die Antithese, wobei es bei ihm nie zu einer Synthese kommen konnte. Nie? These, das war der 13. Archetypus, Antithese, das war der 0. Archetypus. Synthese, das war ...

„Ich bin ein Teil des Teils, der anfangs alles war", zitierte er nochmals aus Goethes Faust. Nein, am Anfang konnte nicht die

Synthese stehen, das gab keinen Sinn! Die Synthese steht doch am Ende eines Prozesses! Christ und Anti-Christ, was ergibt das, wohl keine Einheit, keine Ganzheit, das war sinnlos!

Der 0. Archetypus machte ihm Kopfzerbrechen, doch irgendwie hatte er die Ahnung, dass ohne ihn die Gleichung nicht ausbalanciert war, dass ein Glied in der Gleichung fehlte und es zu einem Fehlbetrag und in der Folge zu einer Fehleinschätzung kommen musste.

Wo im Hexagon war der 0. Archetypus anzusiedeln, wenn die 12 Archetypen die Grenzen des Systems bildeten und der 13. Archetypus die Mitte? Jede Zahl mit 0 multipliziert gibt wieder 0, jede Zahl mit 1 multipliziert lässt die Zahl unverändert.

Dies war der erste fundamentale Unterschied zwischen dem 0. und dem 13. Archetypus. Der 0. Archetypus verwandelte bei Kontakt mit ihm alles in ein Nichts, der 13. Archetypus mischte sich nicht ein, und ließ alles unverändert.

Der 0. Archetypus war ebenso wie der 13. im ganzen System omnipräsent. Doch währenddessen sich der Magier bei Zwistigkeiten unter den Spannungsfeldern aus dem System zurückzog, zog dies den Piraten magisch an. Währenddessen sich der Magier von Exergie angezogen fühlte, war die Anergie die Spielwiese des Piraten. Energie, die nicht wirkt und nichts mehr bewirkt, das war sein Drängen und sein Verlangen. Der Stillstand des Universums war sein erklärtes Ziel.

Der 0. Archetypus war der Schatten, die böse Seite der 12 Archetypen, diejenige Seite, die zutage tritt, wenn Energie vernichtet wird, indem die Potenziale der Spannungsfelder nicht ausgeschöpft werden.

Der Pirat war Herr über Intoleranz, Diskriminierung, Hass – also alle niedrigen Energiestufen. Sobald er sich im System befand, kam es zu Tod und Versteinerung. Der Pirat war Anarchie und Chaos, er vernichtete beide Pole der Spannungsfelder gleichermaßen. Der Anti-Christ machte keinen Unterschied zwischen Helden, Liebenden, Königen und Bürgern, darin glich er dem Magier. Er streckte seine Hand nach allen aus, doch nicht wie der Tod, der nur eine Transformation bzw. Transmutation darstellte, sondern sein Streben galt der Auslöschung, der endgültigen, irreversiblen Zerstörung von Potenzialen, der Anergie!

Der 0. Archetypus hatte leichtes Spiel mit den Teilchen-Menschen, die einer Wahrheit anhingen und die von sich überzeugt waren, die Wahrheit zu sprechen. „Wahrheit ist die Erfindung eines Lügners", zitierte er Heinz von Förster. Wahrheit zumindest auf dieser Welt ist der Stoff, aufgrund dessen Kriege geführt werden; im Glauben um den einen wahren Gott werden Menschen dahingeschlachtet; im Glauben an die Wahrheit wurden Hexen verbrannt und Kinder gemordet.

Der Magier, der 13. Archetypus hingegen kennt keine Wahrheit. Er erfreut sich an den Konstruktionen und Wirklichkeitsbildern, er erfreut sich an der Buntheit der Wahrheiten und Wirklichkeiten – sie bilden für ihn den Strauß des Lebens. Indem er keine Wahrheit kennt, wird er frei, sich allen zuzuwenden, niemanden zu verurteilen. Indem er keine Wahrheit kennt, wird er auch nicht zum Schulmeister und die Kinder hören ihm fasziniert zu.

Immer noch blieb aber die Frage offen nach der Gleichung des Universums und weshalb der 0. Archetypus nicht aus diesem System zu verbannen war. Wieso braucht diese Welt Piraten? Wieso können wir sie nicht am Scheiterhaufen der Geschichte verbrennen?

Ist es vielleicht so, dass jede gute Geschichte einen Gegenspieler braucht – einen Drachentöter? Ist die Spannung zwischen Magier und Pirat vielleicht die größtmögliche Spannung in unserer Welt, viel mehr als die Spannungslinien zwischen den 12 Archetypen?

Erklärt das vielleicht, weshalb eine Gleichung ohne den Piraten nicht funktionieren kann und keine Geschichte ohne ihn geschrieben werden kann, die das Publikum an das Buch fesselt?

Was ist das Gegenteil von Mitte? Die Extreme? Wohl nein! Extreme, die sich bekriegen? Schon eher! So klar der Magier in der Mitte des Hexagons angesiedelt werden konnte, sozusagen als Sonne des Systems, so unklar war der Ort, an dem der Pirat zu verorten war. Wie konnte etwas einen Platz in einem System haben, dessen oberstes Ziel die Vernichtung des Systems war!

Der Pirat war so etwas wie Antimaterie. Kam er mit einem Teilchen in Berührung, führte das zu einer Auslöschung von beiden, von Teilchen und Antiteilchen. Indem er sein Werk als personifizierte Antimaterie verrichtete, zerstörte er zugleich auch ein Stück von sich selbst. Dass bei diesem Prozess auch noch Energie freigesetzt wurde, machte die Situation für ihn nur paradox und kontraproduktiv. Indem er zerstörte, schuf er die Grundlagen für neues Leben.

Der 0. Archetypus war Bestandteil eines jeden Menschen, der 13. Archetypus war Bestandteil von uns. Von unserer grundlegenden Ausstattung waren wir Magier und Pirat. Falls wir ein Abbild einer Ganzheit waren, war dies nur folgerichtig. In uns kämpften also die beiden Archetypen miteinander. Es kam nicht nur zum Kampf der 12 Archetypen in uns, sondern auch zum Kampf zwischen exergetischen und anergetischen Prozessen in Personifizierung von Magier und Pirat.

„Zwei Seelen wohnen, ach, in meiner Brust", Goethes Sprachbild zu der inneren Zerrissenheit und Ambivalenz. Die Dualität war uns wohl angeboren. Jedoch wollte er nicht hinnehmen, dass eine

Ganzheit auch das Böse beinhalten sollte – wo läge da der Sinn dieser Welt, wenn „am Anfang einer alles war" (also „guter" Gott und Teufel) und wir nun auf dieser Welt den Kampf von Gut und Böse austragen müssen bis ans Ende dieser Welt? Wo lag da die Gerechtigkeit?

Das Problem an der Betrachtung war, dass das Böse einen gewissen Reiz ausübte. Sind alle gut, ist niemand mehr gut; sind wir immer gut, könnte es langweilig werden – wo blieb da die Spannung, fantasierte er vor sich hin.

Wofür braucht es Helden, wenn niemand mehr vor dem Bösen gerettet werden muss! Wofür eine Fürsorgerin, wenn niemand mehr im Krieg verletzt wird! Wozu einen Krieger, wenn Frieden herrscht auf dieser Welt!

Definieren sich gewisse Archetypen nicht zuletzt anhand ihrer Fähigkeit, das Böse zu bezwingen? Was passiert mit Ihnen, wenn die Welt keine Helden und Krieger braucht? Kippt das Gleichgewicht der Spannungsfelder nicht, führt es nicht zu Unausgewogenheit im System, wenn der 0. Archetypus nicht mehr Teil der Gleichung ist?

Kann die Harmonie in unserer Welt nur durch die Existenz von Piraten aufrecht erhalten werden? Würde unsere Welt aus den Fugen geraten, wenn wir das Böse auf Dauer in die Schranken weisen?

Und was war das Böse überhaupt? Konnte man das Böse nicht leicht vernichten, wenn das Universum zum Stillstand kommt? Wenn alle Teilchen auf Antiteilchen getroffen sind und sich gegenseitig vernichtet haben und die Energie im Raum dann keinem Zweck mehr dienlich sein kann.

Führte eine Erstarkung des Guten nicht gleichzeitig zu einer Erstarkung des Bösen und umgekehrt? Und konnte man das Böse nicht schwächen, indem man auch das Gute schwächte? Wenn es keine Bösen gibt, braucht es keine Helden – wenn es Helden gibt, braucht es das Böse!

Er musste an einen seiner Lieblingsfilme denken, die „Matrix". Die Menschen hätten den ersten Entwurf der Matrix, die perfekte Welt, abgelehnt, erläutert Agent Smith Morpheus – das System sei gescheitert und es musste eine neue Matrix konstruiert werden, die Welt, die wir nun kennen mit allen ihren Unzulänglichkeiten.

Eine Theorie der menschlichen Spannungsfelder musste also den 0. und den 13. Archetypus mitdenken, um den Anspruch der Ganzheitlichkeit nicht zu verfehlen. Das Hexagon als Urform bildete den Ausgangspunkt, in der symbolisch der Vitruvianische Mensch eingepasst wurde. Die 3 Hauptspannungsfelder mit ihren Polen „Bewahren versus Verändern", „Struktur versus Spielräume" und „Individuum versus Gemeinschaft" wurden durch 12 korrespondierende Werte beschrieben, denen wiederum die 12 Archetypen zugeordnet wurden. Dem 13. Archetypus wurde eine Position in der Mitte des Systems zugeordnet, der 0. Archetypus durchdrang als Schatten das ganze System.

Der 13. Archetypus besetzte im Tetralemma die Position des beiden, des sowohl als auch, der 0. Archetypus die Position des keines von beiden, des weder noch. Die 12 Archetypen bildeten entweder das Eine oder das Andere.

Der 13. Archetypus war der Prototyp für die Positionierung der Welle, der 0. Archetyp der Prototyp des Teilchens, vielmehr des Anti-Teilchens.

Energie wurde im Hexagon aufgebaut, indem ein Brückenschlag zwischen dem Einen und dem Anderen erfolgte, was sich in einer Positionierung in der Mitte widerspiegelte, was gleichbedeutend war mit dem 13. Archetypus. Der 13. Archetypus war der Inbegriff von Energie im Sinne von Exergie – Energie, die etwas bewirken konnte. Der 0. Archetypus war der Inbegriff von Anergie.

Die Hinwendung der Archetypen innerhalb des Hexagons zu ihrem Gegenüber führte demnach zu einer Vermehrung von Energie, die Abwendung zu einer Verringerung von Energie. Ausgrenzung führte zu einem Energieverlust, Öffnung zu einem Energiegewinn.

Es wurde unterschieden zwischen Marken nach dem Teilchen-Modell, also Marken mit niedriger Ambiguitäts-Toleranz, und Marken nach dem Welle-Modell, also Marken mit hoher Ambiguitäts-Toleranz.

Am Beispiel der Wachau als Utopia wurde gezeigt, dass eine Öffnung einhergeht mit Energiegewinn, die sich in einer Positiv-Spirale nach oben entwickelt. Umgekehrt führt eine Erstarrung zu einer Negativ-Spirale an Energie. Beides spiegelt sich dann auch in den Menschen wider.

Positionierung konnte in Zukunft nach einem hybriden Modell bestimmt werden: einmal klassisch als Punkt auf der kognitiven Landkarte, einmal nicht-klassisch als energetische Felder bzw. Spannungslinien.

Es wurde des Weiteren gezeigt, dass das Hexagon als wertfreies System angelegt war, zumindest was die 12 Archetypen anbelangte. Innerhalb dieses Systems gab es kein Gut und kein Böse – innerhalb des Systems gab es weder Hierarchie noch Bewertung.

Die Position der Mitte besaß im Hexagon eine herausragende Position, da sie in der Lage war, alle menschlichen Spannungsfelder zu integrieren und Unterschiede zu beseitigen – ihr wurde die Position des „Guten" zugeordnet.

Hingegen wurde der 0. Archetypus, der sich als Schatten der 12 Archetypen manifestierte, als das Böse beschrieben. Er bildete den größten Gegenspieler zum 13. Archetypus und zwischen diesen beiden Archetypen bestand demnach die größte Spannung.

Hatte der 13. Archetypus auch einen Schatten? Bei dieser Frage musste er tief durchatmen. War dies eine Frage analog der Unfehlbarkeit des Papstes? Würde die Antwort auf diese Frage nicht ein Weltbild erschüttern, würde sie mit „ja" beantwortet werden.

„Ich bin ein Teil des Teils, der anfangs alles war", hallte es in ihm nach. Mephisto als Teil des Ganzen, als Teil der heiligen Mitte? Er seufzte tief ... Wie konnte denn das Böse in die Welt gekommen sein, wenn es nicht von Anbeginn der Zeit schon da war? Und wenn am Anbeginn der Zeit keine Unterschiede herrschten, da das Universum eine unendliche Dichte hatte und sich erst durch den Urknall ausdehnte, musste da das Böse nicht schon von Anbeginn vorhanden gewesen sein?

Hatte es nicht des Bösen bedurft, um sich vom Guten zu scheiden. Konnte die Bedeutung eines Guten nicht nur aufgebaut werden, indem sein Gegenteil in die Welt gesetzt wurde? Bedeutete nicht Mitte auch, dass es zu einem Gleichgewicht von Gut und Böse gekommen war. War Mitte nicht auch das Ausverhandeln von Gut und Böse, war Mitte nicht auch beides zu akzeptieren – beide Pole, das Gute und das Schlechte.

Konnte über die Mitte nicht das Böse letztendlich besiegt werden, indem man es zuerst akzeptiert, dass es in der Welt eine Bedeutung hat und dann wie in spitzfindiger List aus der Gleichung herausnimmt durch die Position der Mitte, die ja kein Gut und kein Böse mehr kennt?

Der Archetypus des Magiers erschien plötzlich in neuem Licht. Er war Anfang und Ende des Universums – er wurde geboren mit seinem Universum und starb mit seinem Universum. Er war sowohl Gut als auch Böse, und er war weder Gut noch Böse. Er war beides und keines von beidem in einer Person. In ihm spiegelte sich das Geheimnis unserer Welt und ihrer Spannungsfelder. Es gab eine Position im Hexagon, die Mitte, die ein Ort maximaler Energie war, aber gleichzeitig ein Ort, an dem Energie vernichtet wurde, da Materie mit Antimaterie kollidierte.

Das Hexagon hatte noch viele Geschichten zu erzählen. Es erzählte die Geschichte von den 3 unteren Polen mit Bewahren, Struktur und Gemeinschaft, die eher dem Alter zuzurechnen sind und von den 3 oberen Polen mit Verändern, Spielräumen und Individuum, die eher der Jugend zuzuschreiben sind. Bediente man sich des Symbols des Hexagramms konnte man in dem mit der Spitze nach oben zeigenden Dreieck das männliche Prinzip erkennen und in dem nach unten zeigenden Dreieck das weibliche Prinzip. Die obere Hälfte des Hexagons korrelierte mit Aktivität, die untere mit Passivität. Es konnten Verbindungen hergestellt werden zu den vier Elementen Feuer und Luft oben und Erde und Wasser unten, und so fort. Da sich im Hexagon die Summe der menschlichen Möglichkeiten widerspiegelte, reflektierte es auch alle Welterklärungs- und –strukturierungs-Versuche.

Das Hexagon lenkte den Blick aber weniger auf die Figuren selbst, auf die Archetypen, sondern auf die Verbindungslinien und die Beziehungen zwischen ihnen. Im Hexagon interessierten mehr die Muster zwischen den Figuren. Das Hexagon war kein klassisches Verortungssystem, in dem Marken ein Punkt im semantischen Raum zugewiesen wird. Das Hexagon wirft einen Blick auf die Energielinien und versucht, Erklärungsmodelle zu finden für niedrige versus höhere Energiestufen einer Marke.

So wertfrei das Hexagon die 12 Archetypen betrachtet, so wenig wertfrei betrachtet es die Beziehungslinien zwischen den Archetypen, insbesondere die Beziehung des Archetyps zu seinem Gegenüber. Das Hexagon „präferiert" Marken, die neben einer klaren Hinwendung zu einem Archetypus so flexibel sind, um sich auch Anleihen beim Gegenüber zu nehmen und auch Teilaspekte des Antityps, besser komplementären Typs zu integrieren. Diese Integrationsleistung wird vom Hexagon ausgezeichnet, indem der Titel „Wellen-Marke" verliehen wird, der eine höhere Energiewirkung attestiert wird im Vergleich zu den Teilchen-Marken, die sich ausschließlich an einen Archetypus klammern und rigide alles fernhalten, das nicht der klar umrissenen Identität entspricht.

Im Gegensatz zu herkömmlichen Verortungssystemen hat die Position der Mitte im Hexagon eine besondere Bedeutung in dem Falle, wenn die Marke in der Lage ist, je nach Situation zwischen den Welten zu pendeln. Diese Position wird als „beides" beschrieben im Gegensatz zu „keines von beidem" bzw. „keines von allem" – eine Nicht-Positionierung wird als Schwäche eingestuft und als Vernichtung von potenzieller Markenenergie.

Am Beispiel der eigenen Marke MAFOS konnte gezeigt werden, dass ein Spagat zwischen den Welten sehr große Energien freisetzt und zu einer kreativen Spannung führt, wodurch die Marke über sich selbst hinauswachsen kann. Im Falle von MAFOS führte zunächst die Abkehr vom Wert der Perfektion im Spannungsfeld der Struktur zu einem Hinwenden zum gegenüberliegenden Pol der Spielräume, wodurch sich eine Transformation der Marke ergab. Die Energie wurde aber erst dann maximiert, als die Marke beide Pole, sowohl die Wurzeln, die in der Perfektion lagen, und die Vision der kreativen Spielräume, in der die Marke ihre Zukunft sah, in der Marke integriert werden konnten. Indem die Marke diese Position im Hexagon einnahm, maximierte sie die Unterschiede zu den Mitbewerbern und stärkte auch das kreative Potenzial innerhalb des Unternehmens. Als erstes Produkt, das aus diesem Spannungsfeld emergierte, war das Hexagon zu nennen mit dem Archetypenrad.

MAFOS hatte sich auf diese Weise verortet auf dem klassischen Pol, auf dem Marktanalysen anzusiedeln sind mit Werten wie Qualität, Perfektion, Struktur und Ordnung und auf dem nicht-klassischen Pol der Spielräume mit Werten wie Spaß, Kreativität, Vielfalt und Flexibilität.

Hätte MAFOS die Wurzeln, die in der Struktur lagen, zugunsten der Innovation geopfert, wäre die Energie im Markensystem deutlich geringer gewesen. Klassische Positionierungsmodelle wären aber gescheitert, diese Effekte zu evaluieren und zu prognostizieren, hätten sie doch eine klare Positionierung gemessen mit einer Distanz zum Mitbewerb.

Die Sichtweise des Hexagons hätte zudem in der Betrachtung der Spannungsfelder und ihrer Energiewirkung prognostiziert, dass dieses Spannungsfeld eine ideale Voraussetzung bildete für eine „Creator-Brand" in der Branche Marktanalysen und die Energie in der Marke die Wahrscheinlichkeit signifikant erhöhte, auch in Zukunft richtungsweisende Produkte zu entwickeln.

Analog Utopia für die Kulturlandschaft Wachau ließ sich folgern, dass die Energielinie eines Spannungsfeldes – im Falle von MAFOS „Struktur versus Innovation" – auch zu einer Energetisierung der anderen beiden potenziellen Energielinien führen sollte im Sinne einer positiven Spirale und einer sich selbst erfüllenden Prophezeiung – so wie Morpheus an Neo glaubt.

Zu erwarten war, dass es mit dem Erstarken der Spielräume, der Kreativität und nicht zuletzt des Spaßes auch zu einer vermehrten Leichtigkeit des Handelns und zu einem vermehrten Ausprobieren von Neuem kommen sollte. Die Risikoaversion würde abnehmen, die Rebellion gegenüber althergebrachten Verfahrensweisen würde deutlich zunehmen. Gamifizierung und Lego Serious Play waren hier nur die ersten Vorboten für eine Entwicklung zu neuen Horizonten. Dennoch würde der Pol des Bewahrens nicht aufgegeben werden – die Marke sollte auch ein „Sage"-Element – ein Element des Weisen in sich tragen.

Nicht zuletzt sollte das Erstarken der beiden Spannungslinien auch zu einer höheren Energie auf der dritten Dimension des Hexagons führen. Zu erwarten war eine Anreicherung der Marke mit Community-Aspekten, sei es Sinnlichkeit oder Fürsorge, nachdem der Fokus fünfzehn Jahre auf dem Pol der Performance gelegen war. Wiederum sollte aber die Performance nicht der Community untergeordnet werden und umgekehrt, um keine Potenziale für das Emergieren von Neuem und Unerwartetem zu verschwenden. Indem die Marke MAFOS so handelte, näherte sie sich dem Königsweg an. Indem sie alle drei Spannungsfelder in sich vereinen wollte, ohne einen Pol zu begünstigen und ohne einen Pol zu vernachlässigen, näherte sie sich der Position der „Mitte" an.

Mitte war dabei keinesfalls misszuinterpretieren, dass MAFOS einen Weg der Mitte einschlagen würde, alle Zielgruppen ansprechen wollend. Mitte war eine durchaus „elitäre" Position für Personen, die noch nie gegangene Wege gehen wollten. Für diese Positionierung musste erst ein Begriff gefunden werden – zurzeit operierte die Marke mit dem Zusatz reloaded, also MAFOS reloaded.

Dies war aber nur ein Evolutionsschritt zu einem Begriff, der der Marke mehr gerecht werden sollte. Im Raum schwebte der Begriff MAFOS revolution. Da dieser Begriff aber aufgrund des Hexagons vorbelastet war als einer der 12 Kernwerte mit dem korrespondierenden Archetyp des Rebellen, und somit eine Überbetonung eines Aspektes des Hexagons gegeben wäre, wurde dieser Markenzusatz als suboptimal geeignet verworfen.

Die Positionierung der Mitte konnte von Nicht-Eingeweihten leicht missverstanden und in den Potenzialen unterschätzt werden.

Plötzlich wurden seine Gesichtszüge weich und ein entspanntes Lächeln breitete sich aus. Er strahlte Ruhe und Sicherheit aus. In uns stecken von Beginn an alle Potenziale, wir müssen es nur zulassen, dass sie sich entfalten. Als er die Marke MAFOS und den Firmennamen erschuf, hatte er ihr schon alles mit auf den Weg gegeben. Nun, fünfzehn Jahre nach der Geburt der Marke, wurde sie ihrer Bestimmung zugeführt. Wozu die Zusätze reloaded und revolution?

Das S in MAFOS verbarg alle ihre Geheimnisse, verwies auf Bestimmung und Sinn. Vor Kurzem hatte er das S interpretiert als Stimulanz, Spaß, Spielräume und Sexiness, und betonte hier also die Vision des Unternehmens, sich dem Pol der Innovation zuzuwenden. Doch diese einseitige Ausrichtung war nicht schlüssig genug, betonte sie doch nur eine Facette, einen Pol eines Spannungsfeldes und ignorierte die Potenziale, die sich in weiterer Folge ergeben würden.

MAFOS – das hieß SYSTEMISCHE Marktforschung. Das war also des Pudels Kern. Im Namen steckten schon alle Potenziale der Marke. War das Hexagon nicht System pur, in Reinkultur? Bildete es nicht das System der menschlichen Spannungsfelder ab?

Und war die Mitte nicht die Personifikation der systemischen Grundhaltung mit ihren Kernwerten wie Wertschätzung von Unterschieden, Offenheit, Vielgerichtetheit? War die Mitte nicht genau dieses Sinnbild, das der Marke und seinem Schöpfer zugrunde lag?

Indem er das Hexagon entwickelte, und indem er diese Reflexion schrieb, entfaltete er die Marke MAFOS und deutete ihre tiefste Bestimmung, die sich in der Analyse offenbarte.

Systemisch, das bedeutet auf der einen Seite eine Herangehensweise, die alle menschlichen Spannungsfelder in die Analyse und auch den Kontext miteinbezieht.

Systemisch heißt, nicht nur auf die Protagonisten im System zu blicken, sondern insbesondere auf ihre Relationen, da nur in dieser Betrachtungsweise Schlüsse auf den Energiezustand eines Systems möglich sind.

Systemisch bedeutet aber auch, wertfrei mit den Unterschieden dieser Welt umzugehen, sich allen Positionen zuzuwenden und ihnen wertfrei zuzuhören.

Systemisch bedeutet, universelle Sinnstrukturen zu suchen, wovon das MAFOS! Hexagon zeugt. Systemisch bedeutet die Position der Mitte, des Ausgleichs, Spannung und Entspannung in einem.

Indem der Protagonist dieses Buches diese Zeilen verfasste, wurde auch ihm seine Bestimmung klar. Die Rolle als Creator schätzte er, aber so wie seine Schöpfung – die Marke MAFOS – war auch er durchdrungen von der Sehnsucht nach der Buntheit des Lebens. Kreativität war nur eine Facette, nur eine Blume im Strauß des Lebens, es drängte ihn, alle Archetypen auszukosten, es drängte ihn, die Energie von Unterschieden und von Gegensätzen zu spüren.

Am Ende kam für ihn nur eine Position, eine Bestimmung in Frage ... diejenige Rolle, die alle anderen Rollen potenziell in sich trug, spannungsgeladen und dennoch in sich ruhend: MAGIER!

Magische Quellen

Dodson, Frederick E. (2013). Energie-Level. Eine spektrale Reise durch die Bewusstseinsebenen. Leipzig: Bohmeier.

Goethe, Johann Wolfgang von (1991). Faust. Der Tragödie erster und zweiter Teil. München: C.H.Beck.

Hartwell, Margaret Pott & Chen, Joshua C. (2012). Archetypes in Branding. A Toolkit for Creatives and Strategists. Cincinnati: HOW Books.

Häusel, Hans-Georg (2012). Brain View. Warum Kunden kaufen. Freiburg: Haufe.

Mark, Margaret & Pearson, Carol S. (2001). The Hero and The Outlaw. Building Extraordinary Brands Through the Power of Archetypes. New York: McGraw-Hill.

Weißmann, Werner (2003). Sonne, Gral, Dämonen ... Bedeutende abendländische Symbole in Mythos, Religion und Kunst. Wien: Facultas.